TRANZLATY

El idioma es para todos

Språk är till för alla

El llamado de lo salvaje

Skriet från vildmarken

Jack London

Español / Svenska

Hacia lo primitivo
In i det primitiva

Buck no leía los periódicos.
Buck läste inte tidningarna.
Si hubiera leído los periódicos habría sabido que se avecinaban problemas.
Om han hade läst tidningarna hade han vetat att problem var på gång.
Hubo problemas, no sólo para él sino para todos los perros de la marea.
Det var problem inte bara för honom själv, utan för varje tidvattenshund.
Todo perro con músculos fuertes y pelo largo y cálido iba a estar en problemas.
Varje hund med starka muskler och varm, lång päls skulle få problem.
Desde Puget Bay hasta San Diego ningún perro podía escapar de lo que se avecinaba.
Från Puget Bay till San Diego kunde ingen hund undkomma det som väntade.
Los hombres, a tientas en la oscuridad del Ártico, encontraron un metal amarillo.
Män, som trevade i det arktiska mörkret, hade funnit en gul metall.
Las compañías navieras y de transporte iban en busca del descubrimiento.
Ångfartygs- och transportföretag jagade upptäckten.
Miles de hombres se precipitaron hacia el norte.
Tusentals män rusade in i Nordlandet.
Estos hombres querían perros, y los perros que querían eran perros pesados.
Dessa män ville ha hundar, och hundarna de ville ha var tunga hundar.
Perros con músculos fuertes para trabajar.
Hundar med starka muskler att slita med.
Perros con abrigos peludos para protegerlos de las heladas.

Hundar med päls som skyddar dem mot frosten.

Buck vivía en una casa grande en el soleado valle de Santa Clara.
Buck bodde i ett stort hus i den solkyssta Santa Clara Valley.
El lugar del juez Miller, se llamaba su casa.
Domare Millers plats, hans hus kallades.
Su casa estaba apartada de la carretera, medio oculta entre los árboles.
Hans hus stod en bit från vägen, halvt dolt bland träden.
Se podían ver destellos de la amplia terraza que rodeaba la casa.
Man kunde få glimtar av den breda verandan som löpte runt huset.
Se accedía a la casa mediante caminos de grava.
Huset nåddes via grusade uppfarter.
Los caminos serpenteaban a través de amplios prados.
Stigarna slingrade sig genom vidsträckta gräsmattor.
Allá arriba se veían las ramas entrelazadas de altos álamos.
Ovanför låg de sammanflätade grenarna av höga popplar.
En la parte trasera de la casa las cosas eran aún más espaciosas.
På baksidan av huset var det ännu rymligare.
Había grandes establos, donde una docena de mozos de cuadra charlaban.
Det fanns stora stall, där ett dussin brudgummar pratade
Había hileras de casas de servicio cubiertas de enredaderas.
Det fanns rader av vinrankklädda tjänstefolksstugor
Y había una interminable y ordenada serie de letrinas.
Och det fanns en oändlig och ordnad samling av uthus
Largos parrales, verdes pastos, huertos y campos de bayas.
Långa vinbärsträd, gröna betesmarker, fruktträdgårdar och bärfält.
Luego estaba la planta de bombeo del pozo artesiano.
Sedan fanns det pumpanläggningen för den artesiska brunnen.
Y allí estaba el gran tanque de cemento lleno de agua.

Och där stod den stora cementtanken fylld med vatten.
Aquí los muchachos del juez Miller dieron su chapuzón matutino.
Här tog domare Millers pojkar sitt morgondopp.
Y allí también se refrescaron en la calurosa tarde.
Och de svalkade sig där även på den varma eftermiddagen.
Y sobre este gran dominio, Buck era quien lo gobernaba todo.
Och över detta stora domänområde var det Buck som styrde alltihop.
Buck nació en esta tierra y vivió aquí todos sus cuatro años.
Buck föddes på denna mark och bodde här alla sina fyra år.
Efectivamente había otros perros, pero realmente no importaban.
Det fanns visserligen andra hundar, men de spelade egentligen ingen roll.
En un lugar tan vasto como éste se esperaban otros perros.
Andra hundar förväntades på en plats så vidsträckt som denna.
Estos perros iban y venían, o vivían dentro de las concurridas perreras.
Dessa hundar kom och gick, eller bodde inne i de livliga kennlarna.
Algunos perros vivían escondidos en la casa, como Toots e Ysabel.
Några hundar bodde gömda i huset, precis som Toots och Ysabel gjorde.
Toots era un pug japonés, Ysabel una perra mexicana sin pelo.
Toots var en japansk mops, Ysabel en mexikansk hårlös hund.
Estas extrañas criaturas rara vez salían de la casa.
Dessa märkliga varelser gick sällan utanför huset.
No tocaron el suelo ni olieron el aire libre del exterior.
De varken rörde marken eller luktade i den öppna luften utanför.
También estaban los fox terriers, al menos veinte en número.
Det fanns också foxterriererna, minst tjugo till antalet.

Estos terriers le ladraron ferozmente a Toots y a Ysabel dentro de la casa.

Dessa terrierer skällde ilsket på Toots och Ysabel inomhus.

Toots e Ysabel se quedaron detrás de las ventanas, a salvo de todo daño.

Toots och Ysabel stannade bakom fönstren, skyddade från fara.

Estaban custodiados por criadas con escobas y trapeadores.

De bevakades av hushjälpar med kvastar och moppar.

Pero Buck no era un perro de casa ni tampoco de perrera.

Men Buck var ingen hushund, och han var ingen kennelhund heller.

Toda la propiedad pertenecía a Buck como su legítimo reino.

Hela egendomen tillhörde Buck som hans rättmätiga rike.

Buck nadaba en el tanque o salía a cazar con los hijos del juez.

Buck simmade i dammen eller gick på jakt med domarens söner.

Caminaba con Mollie y Alice temprano o tarde.

Han promenerade med Mollie och Alice under de tidiga eller sena timmarna.

En las noches frías yacía junto al fuego de la biblioteca con el juez.

På kalla nätter låg han framför bibliotekets eld med domaren.

Buck llevaba a los nietos del juez en su fuerte espalda.

Buck skjutsade domarens barnbarn på sin starka rygg.

Se revolcó en el césped con los niños, vigilándolos de cerca.

Han rullade sig i gräset med pojkarna och vaktade dem noga.

Se aventuraron hasta la fuente e incluso pasaron por los campos de bayas.

De vågade sig till fontänen och till och med förbi bärfälten.

Entre los fox terriers, Buck caminaba siempre con orgullo real.

Bland foxterriererna vandrade Buck alltid med kunglig stolthet.

Él ignoró a Toots y Ysabel, tratándolos como si fueran aire.

Han ignorerade Toots och Ysabel och behandlade dem som om de vore luft.

Buck reinaba sobre todas las criaturas vivientes en la tierra del juez Miller.

Buck härskade över alla levande varelser på domare Millers mark.

Él gobernaba a los animales, a los insectos, a los pájaros e incluso a los humanos.

Han härskade över djur, insekter, fåglar och till och med människor.

El padre de Buck, Elmo, había sido un San Bernardo enorme y leal.

Bucks far Elmo hade varit en enorm och lojal sankt bernhardshund.

Elmo nunca se apartó del lado del juez y le sirvió fielmente.

Elmo lämnade aldrig domarens sida och tjänade honom troget.

Buck parecía dispuesto a seguir el noble ejemplo de su padre.

Buck verkade redo att följa sin fars ädla exempel.

Buck no era tan grande: pesaba ciento cuarenta libras.

Buck var inte riktigt lika stor, vägde fyrahundra kilo.

Su madre, Shep, había sido una excelente perra pastor escocesa.

Hans mor, Shep, hade varit en fin skotsk herdehund.

Pero incluso con ese peso, Buck caminaba con presencia majestuosa.

Men även med den vikten gick Buck med kunglig närvaro.

Esto fue gracias a la buena comida y al respeto que siempre recibió.

Detta kom sig av god mat och den respekt han alltid fick.

Durante cuatro años, Buck había vivido como un noble mimado.

I fyra år hade Buck levt som en bortskämd adelsman.

Estaba orgulloso de sí mismo y hasta era un poco egoísta.

Han var stolt över sig själv, och till och med lite egoistisk.

Ese tipo de orgullo era común entre los señores de países remotos.

Den sortens stolthet var vanlig bland avlägsna landsherrar.

Pero Buck se salvó de convertirse en un perro doméstico mimado.

Men Buck räddade sig från att bli en bortskämd hushund.

Se mantuvo delgado y fuerte gracias a la caza y el ejercicio.

Han höll sig smal och stark genom jakt och motion.

Amaba profundamente el agua, como la gente que se baña en lagos fríos.

Han älskade vatten djupt, liksom människor som badar i kalla sjöar.

Este amor por el agua mantuvo a Buck fuerte y muy saludable.

Denna kärlek till vatten höll Buck stark och mycket frisk.

Éste era el perro en que se había convertido Buck en el otoño de 1897.

Det här var hunden Buck hade blivit hösten 1897.

Cuando la huelga de Klondike arrastró a los hombres hacia el gélido Norte.

När Klondike-attacken drog män till det frusna norr.

La gente acudió en masa desde todos los rincones del mundo hacia aquella tierra fría.

Människor rusade från hela världen in i det kalla landet.

Buck, sin embargo, no leía los periódicos ni entendía las noticias.

Buck läste emellertid varken tidningar eller nyheter.

Él no sabía que Manuel era un mal hombre con quien estar.

Han visste inte att Manuel var en dålig man att vara i närheten av.

Manuel, que ayudaba en el jardín, tenía un problema profundo.

Manuel, som hjälpte till i trädgården, hade ett djupt problem.

Manuel era adicto al juego de la lotería china.

Manuel var spelberoende i det kinesiska lotteriet.

También creía firmemente en un sistema fijo para ganar.

Han trodde också starkt på ett fast system för att vinna.

Esa creencia hizo que su fracaso fuera seguro e inevitable.
Den tron gjorde hans misslyckande säkert och oundvikligt.
Jugar con un sistema exige dinero, del que Manuel carecía.
Att spela ett system kräver pengar, vilket Manuel saknade.
Su salario apenas alcanzaba para mantener a su esposa y a sus numerosos hijos.
Hans lön försörjde knappt hans fru och många barn.
La noche en que Manuel traicionó a Buck, las cosas estaban normales.
Natten då Manuel förrådde Buck var allt normalt.
El juez estaba en una reunión de la Asociación de Productores de Pasas.
Domaren var på ett möte för russinodlareföreningen.
Los hijos del juez estaban entonces ocupados formando un club atlético.
Domarens söner var då upptagna med att bilda en idrottsklubb.
Nadie vio a Manuel y Buck salir por el huerto.
Ingen såg Manuel och Buck gå genom fruktträdgården.
Buck pensó que esta caminata era simplemente un simple paseo nocturno.
Buck trodde att den här promenaden bara var en enkel nattpromenad.
Se encontraron con un solo hombre en la estación de la bandera, en College Park.
De mötte bara en man vid flaggstationen i College Park.
Ese hombre habló con Manuel y intercambiaron dinero.
Mannen pratade med Manuel, och de växlade pengar.
"Envuelva la mercancía antes de entregarla", sugirió.
"Slå in varorna innan du levererar dem", föreslog han.
La voz del hombre era áspera e impaciente mientras hablaba.
Mannens röst var grov och otålig när han talade.
Manuel ató cuidadosamente una cuerda gruesa alrededor del cuello de Buck.
Manuel knöt försiktigt ett tjockt rep runt Bucks hals.
"Si retuerces la cuerda, lo estrangularás bastante"
"Vrid repet, så stryper du honom ordentligt"

El extraño emitió un gruñido, demostrando que entendía bien.

Främlingen grymtade till, vilket visade att han förstod väl.

Buck aceptó la cuerda con calma y tranquila dignidad ese día.

Buck tog emot repet med lugn och stillsam värdighet den dagen.

Fue un acto inusual, pero Buck confiaba en los hombres que conocía.

Det var en ovanlig handling, men Buck litade på männen han kände.

Él creía que su sabiduría iba mucho más allá de su propio pensamiento.

Han trodde att deras visdom sträckte sig långt bortom hans eget tänkande.

Pero entonces la cuerda fue entregada a manos del extraño.

Men sedan räcktes repet i främlingens händer.

Buck emitió un gruñido bajo que advertía con una amenaza silenciosa.

Buck gav ifrån sig ett lågt morrande som varnade med stillsam hot.

Era orgulloso y autoritario y quería mostrar su descontento.

Han var stolt och befallande, och hade för avsikt att visa sitt missnöje.

Buck creyó que su advertencia sería entendida como una orden.

Buck trodde att hans varning skulle tolkas som en order.

Para su sorpresa, la cuerda se tensó rápidamente alrededor de su grueso cuello.

Till hans chock spändes repet hårt runt hans tjocka hals.

Se quedó sin aire y comenzó a luchar con una furia repentina.

Hans luft stängdes av och han började slåss i ett plötsligt raseri.

Saltó hacia el hombre, quien rápidamente se encontró con Buck en el aire.

Han sprang mot mannen, som snabbt mötte Buck i luften.

El hombre agarró la garganta de Buck y lo retorció hábilmente en el aire.

Mannen grep tag i Bucks hals och vred skickligt upp honom i luften.

Buck fue arrojado al suelo con fuerza, cayendo de espaldas.

Buck kastades hårt omkull och landade platt på rygg.

La cuerda ahora lo estrangulaba cruelmente mientras él pateaba salvajemente.

Repet strypte honom nu grymt medan han sparkade vilt.

Se le cayó la lengua, su pecho se agitó, pero no recuperó el aliento.

Hans tunga föll ut, hans bröstkorg hävdes, men han fick ingen andning.

Nunca había sido tratado con tanta violencia en su vida.

Han hade aldrig blivit behandlad med sådant våld i sitt liv.

Tampoco nunca antes se había sentido tan lleno de furia.

Han hade inte heller varit fylld av en sådan djup ilska förut.

Pero el poder de Buck se desvaneció y sus ojos se volvieron vidriosos.

Men Bucks kraft bleknade, och hans ögon blev glasartade.

Se desmayó justo cuando un tren se detuvo cerca.

Han svimmade precis när ett tåg stannade till i närheten.

Luego los dos hombres lo arrojaron rápidamente al vagón de equipaje.

Sedan kastade de två männen honom snabbt in i bagagevagnen.

Lo siguiente que sintió Buck fue dolor en su lengua hinchada.

Nästa sak Buck kände var smärta i sin svullna tunga.

Se desplazaba en un carro tambaleante, apenas consciente.

Han rörde sig i en skakande vagn, endast svagt medvetande.

El agudo grito del silbato del tren le indicó a Buck su ubicación.

Det skarpa skriket från en tågvissla avslöjade Bucks position.

Había viajado muchas veces con el Juez y conocía esa sensación.

Han hade ofta åkt med domaren och kände igen känslan.

Fue una experiencia única viajar nuevamente en un vagón de equipajes.

Det var den unika känslan av att resa i en bagagevagn igen.

Buck abrió los ojos y su mirada ardía de rabia.

Buck öppnade ögonen, och hans blick brann av ilska.

Esta fue la ira de un rey orgulloso destronado.

Detta var vreden hos en stolt kung som tagen från sin tron.

Un hombre intentó agarrarlo, pero Buck lo atacó primero.

En man sträckte sig för att gripa tag i honom, men Buck slog till först istället.

Hundió los dientes en la mano del hombre y la sujetó con fuerza.

Han bet tänderna i mannens hand och höll hårt.

No lo soltó hasta que se desmayó por segunda vez.

Han släppte inte taget förrän han tappade sinnestillståndet en andra gång.

—Sí, tiene ataques —murmuró el hombre al maletero.

"Japp, får kramper", muttrade mannen till bagagevakten.

El maletero había oído la lucha y se acercó.

Bagagebäraren hade hört bråket och kom närmare.

"Lo llevaré a Frisco para el jefe", explicó el hombre.

"Jag tar honom till 'Frisco för chefens skull", förklarade mannen.

"Allí hay un buen veterinario que dice poder curarlos".

"Det finns en duktig hundläkare där som säger att han kan bota dem."

Más tarde esa noche, el hombre dio su propio relato completo.

Senare samma kväll gav mannen sin egen fullständiga redogörelse.

Habló desde un cobertizo detrás de un salón en los muelles.

Han talade från ett skjul bakom en saloon vid kajen.

"Lo único que me dieron fueron cincuenta dólares", se quejó al tabernero.

"Allt jag fick var femtio dollar", klagade han till saloonmannen.

"No lo volvería a hacer ni por mil dólares en efectivo".

"Jag skulle inte göra det igen, inte ens för tusen i kontanter."
Su mano derecha estaba fuertemente envuelta en un paño ensangrentado.
Hans högra hand var hårt inlindad i en blodig duk.
La pernera de su pantalón estaba abierta de par en par desde la rodilla hasta el pie.
Hans byxben var vidöppet från knä till fot.
—¿Cuánto le pagaron al otro tipo? —preguntó el tabernero.
"Hur mycket fick den andra muggen betalt?" frågade saloonkarlen.
"Cien", respondió el hombre, "no aceptaría ni un centavo menos".
"Hundra", svarade mannen, "han skulle inte ta ett öre mindre."
—Eso suma ciento cincuenta —dijo el tabernero.
"Det blir hundrafemtio", sa saloonkarlen.
"Y él lo vale todo, o no soy más que un idiota".
"Och han är värd allt, annars är jag inte bättre än en tråkig person."
El hombre abrió los envoltorios para examinar su mano.
Mannen öppnade omslaget för att undersöka sin hand.
La mano estaba gravemente desgarrada y cubierta de sangre seca.
Handen var illa sönderriven och täckt av torkat blod.
"Si no consigo la hidrofobia..." empezó a decir.
"Om jag inte får vattenfobi..." började han säga.
"Será porque naciste para la horca", dijo entre risas.
"Det är för att du är född för att hänga", kom ett skratt.
"Ven a ayudarme antes de irte", le pidieron.
"Kom och hjälp mig innan du går", blev han ombedd.
Buck estaba aturdido por el dolor en la lengua y la garganta.
Buck var omtöcknad av smärtan i tungan och halsen.
Estaba medio estrangulado y apenas podía mantenerse en pie.
Han var halvt strypt och kunde knappt stå upprätt.
Aún así, Buck intentó enfrentar a los hombres que lo habían lastimado.

Ändå försökte Buck konfrontera männen som hade sårat honom så.

Pero lo derribaron y lo estrangularon una vez más.

Men de kastade ner honom och strypte honom återigen.

Sólo entonces pudieron quitarle el pesado collar de bronce.

Först då kunde de såga av hans tunga mässingskrage.

Le quitaron la cuerda y lo metieron en una caja.

De tog bort repet och knuffade ner honom i en låda.

La caja era pequeña y tenía la forma de una tosca jaula de hierro.

Lådan var liten och formad som en grov järnbur.

Buck permaneció allí toda la noche, lleno de ira y orgullo herido.

Buck låg där hela natten, fylld av vrede och sårad stolthet.

No podía ni siquiera empezar a comprender lo que le estaba pasando.

Han kunde inte börja förstå vad som hände med honom.

¿Por qué estos hombres extraños lo mantenían en esa pequeña caja?

Varför höll dessa konstiga män honom i den här lilla lådan?

¿Qué querían de él y por qué este cruel cautiverio?

Vad ville de med honom, och varför denna grymma fångenskap?

Sintió una presión oscura; una sensación de desastre que se acercaba.

Han kände ett mörkt tryck; en känsla av att katastrofen närmade sig.

Era un miedo vago, pero que se apoderó pesadamente de su espíritu.

Det var en vag rädsla, men den satte sig tungt i hans själ.

Saltó varias veces cuando la puerta del cobertizo vibró.

Flera gånger hoppade han upp när skjuldörren skallrade.

Esperaba que el juez o los muchachos aparecieran y lo rescataran.

Han förväntade sig att domaren eller pojkarna skulle dyka upp och rädda honom.

Pero cada vez sólo se asomaba el rostro gordo del tabernero.

Men bara saloonvärdens feta ansikte kikade in varje gång.

El rostro del hombre estaba iluminado por el tenue resplandor de una vela de sebo.

Mannens ansikte upplystes av det svaga skenet från ett talgljus.

Cada vez, el alegre ladrido de Buck cambiaba a un gruñido bajo y enojado.

Varje gång förändrades Bucks glada skall till ett lågt, ilsket morrande.

El tabernero lo dejó solo durante la noche en el cajón.

Saloonvärden lämnade honom ensam i buren över natten

Pero cuando se despertó por la mañana, venían más hombres.

Men när han vaknade på morgonen kom fler män.

Llegaron cuatro hombres y recogieron la caja con cuidado y sin decir palabra.

Fyra män kom och plockade försiktigt upp lådan utan ett ord.

Buck supo de inmediato en qué situación se encontraba.

Buck förstod genast vilken situation han befann sig i.

Eran otros torturadores contra los que tenía que luchar y a los que tenía que temer.

De var ytterligare plågoandar som han var tvungen att bekämpa och frukta.

Estos hombres parecían malvados, andrajosos y muy mal arreglados.

Dessa män såg onda, slitna och mycket illa preparerade ut.

Buck gruñó y se abalanzó sobre ellos ferozmente a través de los barrotes.

Buck morrade och kastade sig våldsamt mot dem genom gallren.

Ellos simplemente se rieron y lo golpearon con largos palos de madera.

De bara skrattade och stack efter honom med långa träkäppar.

Buck mordió los palos y luego se dio cuenta de que eso era lo que les gustaba.

Buck bet i pinnarna, men insåg sedan att det var vad de gillade.

Así que se quedó acostado en silencio, hosco y ardiendo de rabia silenciosa.

Så lade han sig ner tyst, mutt och brinnande av stilla raseri.

Subieron la caja a un carro y se fueron con él.

De lyfte upp lådan i en vagn och körde iväg med honom.

La caja, con Buck encerrado dentro, cambiaba de manos a menudo.

Lådan, med Buck inlåst inuti, bytte ofta ägare.

Los empleados de la oficina exprés se hicieron cargo de él y lo atendieron brevemente.

Expresskontorets tjänstemän tog över och hanterade honom kort.

Luego, otro carro transportó a Buck a través de la ruidosa ciudad.

Sedan bar en annan vagn Buck tvärs över den bullriga staden.

Un camión lo llevó con cajas y paquetes a un ferry.

En lastbil tog honom med lådor och paket till en färja.

Después de cruzar, el camión lo descargó en una estación ferroviaria.

Efter att ha korsat lossade lastbilen honom vid en järnvägsdepå.

Finalmente, colocaron a Buck dentro de un vagón expreso que lo esperaba.

Till slut placerades Buck i en väntande expressvagn.

Durante dos días y dos noches, los trenes arrastraron el vagón expreso.

I två dagar och nätter drog tågen bort expressvagnen.

Buck no comió ni bebió durante todo el doloroso viaje.

Buck varken åt eller drack under hela den smärtsamma resan.

Cuando los mensajeros expresos intentaron acercarse a él, gruñó.

När expressbuden försökte närma sig honom morrade han.

Ellos respondieron burlándose de él y molestándolo cruelmente.

De svarade med att håna honom och reta honom grymt.

Buck se arrojó contra los barrotes, echando espuma y temblando.

Buck kastade sig mot gallren, skummande och skakande

Se rieron a carcajadas y se burlaron de él como matones del patio de la escuela.

De skrattade högt och hånade honom som skolgårdsmobbare.

Ladraban como perros de caza y agitaban los brazos.

De skällde som låtsashundar och flaxade med armarna.

Incluso cantaron como gallos sólo para molestarlo más.

De gol till och med som tuppar bara för att göra honom ännu mer upprörd.

Fue un comportamiento tonto y Buck sabía que era ridículo.

Det var dumt beteende, och Buck visste att det var löjligt.

Pero eso sólo profundizó su sentimiento de indignación y vergüenza.

Men det fördjupade bara hans känsla av upprördhet och skam.

Durante el viaje no le molestó mucho el hambre.

Han var inte särskilt hungerbesvärad under resan.

Pero la sed traía consigo un dolor agudo y un sufrimiento insoportable.

Men törsten medförde skarp smärta och outhärdligt lidande.

Su garganta y lengua secas e inflamadas ardían de calor.

Hans torra, inflammerade hals och tunga brände av hetta.

Este dolor alimentó la fiebre que crecía dentro de su orgulloso cuerpo.

Denna smärta gav näring åt febern som steg i hans stolta kropp.

Buck estuvo agradecido por una sola cosa durante esta prueba.

Buck var tacksam för en enda sak under den här rättegången.

Le habían quitado la cuerda que le rodeaba el grueso cuello.

Repet hade tagits bort runt hans tjocka hals.

La cuerda había dado a esos hombres una ventaja injusta y cruel.

Repet hade gett dessa män en orättvis och grym fördel.

Ahora la cuerda había desaparecido y Buck juró que nunca volvería.

Nu var repet borta, och Buck svor att det aldrig skulle återvända.

Decidió que nunca más volvería a pasarle una cuerda al cuello.

Han bestämde sig för att inget rep någonsin skulle gå runt hans hals igen.

Durante dos largos días y noches sufrió sin comer.

I två långa dagar och nätter led han utan mat.

Y en esas horas se fue acumulando en su interior una rabia enorme.

Och under de timmarna byggde han upp en enorm ilska inom sig.

Sus ojos se volvieron inyectados en sangre y salvajes por la ira constante.

Hans ögon blev blodsprängda och vilda av ständig ilska.

Ya no era Buck, sino un demonio con mandíbulas chasqueantes.

Han var inte längre Buck, utan en demon med smällande käkar.

Ni siquiera el juez habría reconocido a esta loca criatura.

Inte ens domaren skulle ha känt igen denna galna varelse.

Los mensajeros exprés suspiraron aliviados cuando llegaron a Seattle.

Expressbuden suckade av lättnad när de nådde Seattle

Cuatro hombres levantaron la caja y la llevaron a un patio trasero.

Fyra män lyfte lådan och bar den till en bakgård.

El patio era pequeño, rodeado de muros altos y sólidos.

Gården var liten, omgiven av höga och solida murar.

Un hombre corpulento salió con una camisa roja holgada.

En stor man klev ut i en hängande röd tröja.

Firmó el libro de entrega con letra gruesa y atrevida.

Han signerade leveransboken med tjock och djärv handstil.

Buck sintió de inmediato que este hombre era su próximo torturador.

Buck anade genast att den här mannen var hans nästa plågoande.

Se abalanzó violentamente contra los barrotes, con los ojos rojos de furia.

Han kastade sig våldsamt mot gallren, ögonen röda av ilska.

El hombre simplemente sonrió oscuramente y fue a buscar un hacha.

Mannen log bara dystert och gick för att hämta en yxa.

También traía un garrote en su gruesa y fuerte mano derecha.

Han hade också med sig en klubba i sin tjocka och starka högra hand.

"¿Vas a sacarlo ahora?" preguntó preocupado el conductor.

"Ska du köra ut honom nu?" frågade föraren oroligt.

—Claro —dijo el hombre, metiendo el hacha en la caja a modo de palanca.

"Visst", sa mannen och tryckte in yxan i lådan som en hävstång.

Los cuatro hombres se dispersaron instantáneamente y saltaron al muro del patio.

De fyra männen skingrades genast och hoppade upp på gårdsmuren.

Desde sus lugares seguros arriba, esperaban para observar el espectáculo.

Från sina trygga platser ovanför väntade de på att bevittna spektaklet.

Buck se abalanzó sobre la madera astillada, mordiéndola y sacudiéndola ferozmente.

Buck kastade sig mot det splittrade träet, bet och skakade häftigt.

Cada vez que el hacha golpeaba la jaula, Buck estaba allí para atacarla.

Varje gång yxan träffade buren) var Buck där för att attackera den.

Gruñó y chasqueó los dientes con furia salvaje, ansioso por ser liberado.

Han morrade och fräste av vild ilska, ivrig att bli fri.

El hombre que estaba afuera estaba tranquilo y firme, concentrado en su tarea.

Mannen utanför var lugn och stadig, fokuserad på sin uppgift.

"Muy bien, demonio de ojos rojos", dijo cuando el agujero fue grande.

"Ja då, din rödögda djävul", sa han när hålet var stort.

Dejó caer el hacha y tomó el garrote con su mano derecha.

Han släppte yxan och tog klubban i sin högra hand.

Buck realmente parecía un demonio; con los ojos inyectados en sangre y llameantes.

Buck såg verkligen ut som en djävul; ögonen blodsprängda och flammande.

Su pelaje se erizó, le salía espuma por la boca y sus ojos brillaban.

Hans päls borstade, skum skummade vid munnen och ögonen glittrade.

Tensó los músculos y se lanzó directamente hacia el suéter rojo.

Han spände musklerna och hoppade rakt på den röda tröjan.

Ciento cuarenta libras de furia volaron hacia el hombre tranquilo.

Ett hundrafyrtio pund raseri flög mot den lugne mannen.

Justo antes de que sus mandíbulas se cerraran, un golpe terrible lo golpeó.

Precis innan hans käkar spändes igen drabbades han av ett fruktansvärt slag.

Sus dientes chasquearon al chocar contra nada más que el aire.

Hans tänder knäppte ihop på ingenting annat än luft

Una sacudida de dolor resonó a través de su cuerpo

en smärtstöt sköljde genom hans kropp

Dio una vuelta en el aire y se estrelló sobre su espalda y su costado.

Han voltade mitt i luften och föll ner på rygg och sida.

Nunca antes había sentido el golpe de un garrote y no podía agarrarlo.

Han hade aldrig förut känt ett klubbslag och kunde inte fatta det.

Con un gruñido estridente, mitad ladrido, mitad grito, saltó de nuevo.

Med ett skrikande morrande, delvis skall, delvis skrik, hoppade han upp igen.

Otro golpe brutal lo alcanzó y lo arrojó al suelo.

Ännu ett brutalt slag träffade honom och kastade honom till marken.

Esta vez Buck lo entendió: era el pesado garrote del hombre.

Den här gången förstod Buck – det var mannens tunga klubba.

Pero la rabia lo cegó y no pensó en retirarse.

Men raseriet förblindade honom, och han tänkte inte på reträtt.

Doce veces se lanzó y doce veces cayó.

Tolv gånger kastade han sig, och tolv gånger föll han.

El palo de madera lo golpeaba cada vez con una fuerza despiadada y aplastante.

Träklubban krossade honom varje gång med hänsynslös, krossande kraft.

Después de un golpe feroz, se tambaleó hasta ponerse de pie, aturdido y lento.

Efter ett hårt slag stapplade han upp, omtöcknad och långsam.

Le salía sangre de la boca, de la nariz y hasta de las orejas.

Blod rann från hans mun, näsa och till och med öron.

Su pelaje, otrora hermoso, estaba manchado de espuma sanguinolenta.

Hans en gång så vackra kappa var nedsmetad med blodigt skum.

Entonces el hombre se adelantó y le dio un golpe tremendo en la nariz.

Sedan klev mannen fram och slog honom rejält mot näsan.

La agonía fue más aguda que cualquier cosa que Buck hubiera sentido jamás.

Smärtan var skarpare än något Buck någonsin hade känt.

Con un rugido más de bestia que de perro, saltó nuevamente para atacar.

Med ett vrål, mer odjur än hund, sprang han återigen till attack.

Pero el hombre se agarró la mandíbula inferior y la torció hacia atrás.

Men mannen grep tag i hans underkäke och vred den bakåt.

Buck se dio una vuelta de cabeza y volvió a caer con fuerza.

Buck vände huvudstupa och föll hårt omkull igen.

Una última vez, Buck cargó contra él, ahora apenas capaz de mantenerse en pie.

En sista gång stormade Buck honom, nu knappt i stånd att stå upp.

El hombre atacó con una sincronización experta, dando el golpe final.

Mannen slog till med skicklig tajming och utdelade det sista slaget.

Buck se desplomó en un montón, inconsciente e inmóvil.

Buck kollapsade i en hög, medvetslös och orörlig.

"No es ningún inútil a la hora de domar perros, eso es lo que digo", gritó un hombre.

"Han är inte slöfock på att knäcka hundar, det är vad jag säger", skrek en man.

"Druther puede quebrar la voluntad de un perro cualquier día de la semana".

"Druther kan krossa en hunds vilja vilken dag som helst i veckan."

"¡Y dos veces el domingo!" añadió el conductor.

"Och två gånger på en söndag!" tillade föraren.

Se subió al carro y tiró de las riendas para partir.

Han klättrade in i vagnen och knäckte tyglarna för att ge sig av.

Buck recuperó lentamente el control de su conciencia.

Buck återfick långsamt kontrollen över sitt medvetande

Pero su cuerpo todavía estaba demasiado débil y roto para moverse.

men hans kropp var fortfarande för svag och bruten för att röra sig.

Se quedó donde había caído, observando al hombre del suéter rojo.

Han låg där han hade fallit och tittade på den rödtröjade mannen.

"Responde al nombre de Buck", dijo el hombre, leyendo en voz alta.

"Han svarar på namnet Buck", sa mannen och läste högt.

Citó la nota enviada con la caja de Buck y los detalles.

Han citerade från meddelandet som skickades med Bucks låda och detaljer.

—Bueno, Buck, muchacho —continuó el hombre con tono amistoso—.

"Nåväl, Buck, min pojke", fortsatte mannen med vänlig ton,

"Hemos tenido nuestra pequeña pelea y ahora todo ha terminado entre nosotros".

"Vi har haft vårt lilla gräl, och nu är det över mellan oss."

"Tú has aprendido cuál es tu lugar y yo he aprendido cuál es el mío", añadió.

"Du har lärt dig din plats, och jag har lärt mig min", tillade han.

"Sé bueno y todo irá bien y la vida será placentera".

"Var snäll, så går allt bra, och livet blir behagligt."

"Pero si te portas mal, te daré una paliza, ¿entiendes?"

"Men var du elak, så slår jag stoppningen ur dig, förstår du?"

Mientras hablaba, extendió la mano y acarició la cabeza dolorida de Buck.

Medan han talade sträckte han ut handen och klappade Bucks ömma huvud.

El cabello de Buck se erizó ante el toque del hombre, pero no se resistió.

Bucks hår reste sig vid mannens beröring, men han gjorde inget motstånd.

El hombre le trajo agua, que Buck bebió a grandes tragos.

Mannen bar honom vatten, som Buck drack i stora klunkar.

Luego vino la carne cruda, que Buck devoró trozo a trozo.

Sedan kom rått kött, som Buck slukade bit för bit.

Sabía que estaba derrotado, pero también sabía que no estaba roto.

Han visste att han var slagen, men han visste också att han inte var knäckt.

No tenía ninguna posibilidad contra un hombre armado con un garrote.

Han hade ingen chans mot en man beväpnad med en klubba.

Había aprendido la verdad y nunca olvidó esa lección.

Han hade lärt sig sanningen, och han glömde aldrig den läxan.

Esa arma fue el comienzo de la ley en el nuevo mundo de Buck.

Det vapnet var början på lagen i Bucks nya värld.

Fue el comienzo de un orden duro y primitivo que no podía negar.

Det var början på en hård, primitiv ordning som han inte kunde förneka.

Aceptó la verdad; sus instintos salvajes ahora estaban despiertos.

Han accepterade sanningen; hans vilda instinkter var nu vakna.

El mundo se había vuelto más duro, pero Buck lo afrontó con valentía.

Världen hade blivit hårdare, men Buck mötte den tappert.

Afrontó la vida con nueva cautela, astucia y fuerza silenciosa.

Han mötte livet med ny försiktighet, slughet och stilla styrka.

Llegaron más perros, atados con cuerdas o cajas como había estado Buck.

Fler hundar anlände, bundna i rep eller burar precis som Buck hade varit.

Algunos perros llegaron con calma, otros se enfurecieron y pelearon como bestias salvajes.

Några hundar kom lugnt, andra rasade och slogs som vilda djur.

Todos ellos quedaron bajo el dominio del hombre del suéter rojo.

Alla av dem fördes under den rödtröjade mannens styre.

Cada vez, Buck observaba y veía cómo se desarrollaba la misma lección.

Varje gång tittade Buck på och såg samma lärdom utvecklas.

El hombre con el garrote era la ley, un amo al que había que obedecer.

Mannen med klubban var lagen; en mästare att lyda.

No necesitaba ser querido, pero sí obedecido.

Han behövde inte bli omtyckt, men han var tvungen att bli åtlydd.

Buck nunca adulaba ni meneaba la cola como lo hacían los perros más débiles.

Buck fjäskade eller viftade aldrig som de svagare hundarna gjorde.

Vio perros que estaban golpeados y todavía lamían la mano del hombre.

Han såg hundar som var slagna och ändå slickade mannens hand.

Vio un perro que no obedecía ni se sometía en absoluto.

Han såg en hund som varken lydde eller underkastade sig något alls.

Ese perro luchó hasta que murió en la batalla por el control.

Den hunden kämpade tills han dödades i kampen om kontrollen.

A veces, desconocidos venían a ver al hombre del suéter rojo.

Främlingar kom ibland för att se den rödtröjade mannen.

Hablaban en tonos extraños, suplicando, negociando y riendo.

De talade i underlig ton, vädjade, prutade och skrattade.

Cuando se intercambiaba dinero, se iban con uno o más perros.

När pengar växlades gav de sig av med en eller flera hundar.

Buck se preguntó a dónde habían ido esos perros, pues ninguno regresaba jamás.

Buck undrade vart dessa hundar tog vägen, för ingen återvände någonsin.

El miedo a lo desconocido llenaba a Buck cada vez que un hombre extraño se acercaba.

Rädsla för det okända fyllde Buck varje gång en främmande man kom

Se alegraba cada vez que se llevaban a otro perro en lugar de a él mismo.

Han var glad varje gång en annan hund blev tagen, snarare än han själv.

Pero finalmente, llegó el turno de Buck con la llegada de un hombre extraño.

Men slutligen kom Bucks tur med ankomsten av en främmande man.

Era pequeño, fibroso y hablaba un inglés deficiente y decía palabrotas.

Han var liten, senig och talade bruten engelska och svordomar.

—¡Sacredam! —gritó cuando vio el cuerpo de Buck.

"Sacredam!" ropade han när han fick syn på Bucks kropp.

—¡Qué perro tan bravucón! ¿Eh? ¿Cuánto? —preguntó en voz alta.

"Det där är en förbannad bushund! Va? Hur mycket?" frågade han högt.

"Trescientos, y es un regalo a ese precio".

"Trehundra, och han är en present för det priset,"

—Como es dinero del gobierno, no deberías quejarte, Perrault.

"Eftersom det är statliga pengar borde du inte klaga, Perrault."

Perrault sonrió ante el trato que acababa de hacer con aquel hombre.

Perrault flinade åt den överenskommelse han just hade ingått med mannen.

El precio de los perros se disparó debido a la repentina demanda.

Priset på hundar hade skjutit i höjden på grund av den plötsliga efterfrågan.

Trescientos dólares no era injusto para una bestia tan bella.

Trehundra dollar var inte orättvist för ett så fint djur.

El gobierno canadiense no perdería nada con el acuerdo

Den kanadensiska regeringen skulle inte förlora något på avtalet

Además sus despachos oficiales tampoco sufrirían demoras en el tránsito.

Inte heller skulle deras officiella försändelser försenas under transporten.

Perrault conocía bien a los perros y podía ver que Buck era algo raro.

Perrault kände hundar väl och kunde se att Buck var något ovanligt.

"Uno entre diez diez mil", pensó mientras estudiaba la complexión de Buck.

"En på tio tiotusen", tänkte han, medan han studerade Bucks kroppsbyggnad.

Buck vio que el dinero cambiaba de manos, pero no mostró sorpresa.

Buck såg pengarna byta ägare, men visade ingen förvåning.

Pronto él y Curly, un gentil Terranova, fueron llevados lejos.

Snart fördes han och Lockig, en vänlig newfoundländsk hund, bort.

Siguieron al hombrecito desde el patio del suéter rojo.

De följde den lille mannen från den röda tröjans gård.

Esa fue la última vez que Buck vio al hombre con el garrote de madera.

Det var det sista Buck någonsin såg av mannen med träklubban.

Desde la cubierta del Narwhal vio cómo Seattle se desvanecía en la distancia.

Från Narwhals däck såg han Seattle försvinna i fjärran.

También fue la última vez que vio las cálidas tierras del Sur.

Det var också sista gången han någonsin såg det varma Söderlandet.

Perrault los llevó bajo cubierta y los dejó con François.

Perrault tog dem ner under däck och lämnade dem hos François.

François era un gigante de cara negra y manos ásperas y callosas.

François var en svartansiktad jätte med grova, förhårdnade händer.

Era oscuro y moreno, un mestizo francocanadiense.

Han var mörk och blöt; en halvblod fransk-kanadensare.

Para Buck, estos hombres eran de un tipo que nunca había visto antes.

För Buck var dessa män av ett slag han aldrig hade sett förut.

En los días venideros conocería a muchos hombres así.

Han skulle lära känna många sådana män i de kommande dagarna.

No llegó a encariñarse con ellos, pero llegó a respetarlos.

Han blev inte förtjust i dem, men han lärde sig att respektera dem.

Eran justos y sabios, y no se dejaban engañar fácilmente por ningún perro.

De var rättvisa och kloka, och inte lättlurade av någon hund.

Juzgaban a los perros con calma y castigaban sólo cuando lo merecían.

De dömde hundar lugnt och straffade bara när de var förtjänta.

En la cubierta inferior del Narwhal, Buck y Curly se encontraron con dos perros.

På Narwhals nedre däck mötte Buck och Lockig två hundar.

Uno de ellos era un gran perro blanco procedente de la lejana y gélida región de Spitzbergen.

En var en stor vit hund från avlägsna, isiga Spetsbergen.

Una vez navegó con un ballenero y se unió a un grupo de investigación.

Han hade en gång seglat med en valfångare och gått med i en undersökningsgrupp.

Era amigable de una manera astuta, deshonesta y tramposa.

Han var vänlig på ett slugt, lömskt och slugt sätt.

En su primera comida, robó un trozo de carne de la sartén de Buck.

Vid deras första måltid stal han en bit kött från Bucks panna.

Buck saltó para castigarlo, pero el látigo de François golpeó primero.

Buck hoppade till för att straffa honom, men François piska träffade först.

El ladrón blanco gritó y Buck recuperó el hueso robado.

Den vita tjuven skrek till, och Buck återtog det stulna benet.

Esa imparcialidad impresionó a Buck y François se ganó su respeto.

Den rättvisan imponerade på Buck, och François förtjänade hans respekt.

El otro perro no saludó y no quiso recibir saludos a cambio.

Den andra hunden gav ingen hälsning och ville inte ha någon tillbaka.

No robaba comida ni olfateaba con interés a los recién llegados.

Han stal inte mat, och han nosade inte intresserat på de nyanlända.

Este perro era sombrío y silencioso, melancólico y de movimientos lentos.

Den här hunden var dyster och tyst, dyster och långsam i rörelse.

Le advirtió a Curly que se mantuviera alejada simplemente mirándola fijamente.

Han varnade Lockig att hålla sig borta genom att helt enkelt stirra på henne.

Su mensaje fue claro: déjenme en paz o habrá problemas.

Hans budskap var tydligt; lämna mig ifred annars blir det problem.

Se llamaba Dave y apenas se fijaba en su entorno.

Han kallades Dave, och han lade knappt märke till sin omgivning.

Dormía a menudo, comía tranquilamente y bostezaba de vez en cuando.

Han sov ofta, åt tyst och gäspade då och då.

El barco zumbaba constantemente con la hélice golpeando debajo.

Fartyget surrade konstant med den dunkande propellern nedanför.

Los días pasaron con pocos cambios, pero el clima se volvió más frío.

Dagarna gick utan några förändringar, men vädret blev kallare.

Buck podía sentirlo en sus huesos y notó que los demás también lo sentían.

Buck kunde känna det i sina ben, och märkte att de andra gjorde det också.

Entonces, una mañana, la hélice se detuvo y todo quedó en silencio.

Så en morgon stannade propellern och allt var stilla.

Una energía recorrió la nave; algo había cambiado.

En energi svepte genom skeppet; något hade förändrats.

François bajó, les puso las correas y los trajo arriba.

François kom ner, satte fast dem i koppel och förde upp dem.

Buck salió y encontró el suelo suave, blanco y frío.

Buck steg ut och fann marken mjuk, vit och kall.

Saltó hacia atrás alarmado y resopló totalmente confundido.

Han hoppade bakåt i panik och fnös i total förvirring.

Una extraña sustancia blanca caía del cielo gris.

Konstiga vita saker föll från den grå himlen.

Se sacudió, pero los copos blancos seguían cayendo sobre él.

Han skakade på sig, men de vita flingorna fortsatte att landa på honom.

Olió con cuidado la sustancia blanca y lamió algunos trocitos helados.

Han sniffade försiktigt på det vita och slickade på några isiga bitar.

El polvo ardió como fuego y luego desapareció de su lengua.

Pulvret brann som eld och försvann sedan rakt från hans tunga.

Buck lo intentó de nuevo, desconcertado por la extraña frialdad que desaparecía.

Buck försökte igen, förbryllad över den sällsamma, försvinnande kylan.

Los hombres que lo rodeaban se rieron y Buck se sintió avergonzado.

Männen runt omkring honom skrattade, och Buck kände sig generad.

No sabía por qué, pero le avergonzaba su reacción.

Han visste inte varför, men han skämdes över sin reaktion.

Fue su primera experiencia con la nieve y le confundió.

Det var hans första erfarenhet av snö, och det förvirrade honom.

La ley del garrote y el colmillo
Klubbens och huggtändernas lag

El primer día de Buck en la playa de Dyea se sintió como una terrible pesadilla.
Bucks första dag på Dyea-stranden kändes som en fruktansvärd mardröm.
Cada hora traía nuevas sorpresas y cambios inesperados para Buck.
Varje timme förde med sig nya chocker och oväntade förändringar för Buck.
Lo habían sacado de la civilización y lo habían arrojado a un caos salvaje.
Han hade ryckts ut ur civilisationen och kastats in i vilt kaos.
Aquella no era una vida soleada y tranquila, llena de aburrimiento y descanso.
Detta var inget soligt, latat liv med tristess och vila.
No había paz, ni descanso, ni momento sin peligro.
Det fanns ingen fred, ingen vila och inget ögonblick utan fara.
La confusión lo dominaba todo y el peligro siempre estaba cerca.
Förvirring styrde allt, och faran var alltid nära.
Buck tuvo que mantenerse alerta porque estos hombres y perros eran diferentes.
Buck var tvungen att vara vaksam eftersom dessa män och hundar var olika.
No eran de pueblos; eran salvajes y sin piedad.
De var inte från städer; de var vilda och utan barmhärtighet.
Estos hombres y perros sólo conocían la ley del garrote y el colmillo.
Dessa män och hundar kände bara till lagen om klubba och huggtänder.
Buck nunca había visto perros pelear como estos salvajes huskies.
Buck hade aldrig sett hundar slåss som dessa vilda huskydjur.
Su primera experiencia le enseñó una lección que nunca olvidaría.

Hans första erfarenhet lärde honom en läxa han aldrig skulle glömma.

Tuvo suerte de que no fuera él, o habría muerto también.

Han hade tur att det inte var han, annars hade han också dött.

Curly fue el que sufrió mientras Buck observaba y aprendía.

Det var Lockig som led medan Buck tittade på och lärde sig.

Habían acampado cerca de una tienda construida con troncos.

De hade slagit läger nära ett lager byggt av timmer.

Curly intentó ser amigable con un husky grande, parecido a un lobo.

Lockig försökte vara vänlig mot en stor, vargliknande husky.

El husky era más pequeño que Curly, pero parecía salvaje y malvado.

Huskyn var mindre än Lockig, men såg vild och elak ut.

Sin previo aviso, saltó y le abrió el rostro.

Utan förvarning hoppade han till och skar upp hennes ansikte.

Sus dientes la atravesaron desde el ojo hasta la mandíbula en un solo movimiento.

Hans tänder skar från hennes öga ner till hennes käke i ett enda drag.

Así era como peleaban los lobos: golpeaban rápido y saltaban.

Så här slogs vargar – de slog snabbt och hoppade iväg.

Pero había mucho más que aprender de ese único ataque.

Men det fanns mer att lära sig än av den enda attacken.

Decenas de huskies entraron corriendo y formaron un círculo silencioso.

Dussintals huskyar rusade in och bildade en tyst cirkel.

Observaron atentamente y se lamieron los labios con hambre.

De tittade noga och slickade sig om läpparna av hunger.

Buck no entendió su silencio ni sus miradas ansiosas.

Buck förstod inte deras tystnad eller deras ivriga blickar.

Curly se apresuró a atacar al husky por segunda vez.

Lockig rusade för att attackera huskyn en andra gång.

Él usó su pecho para derribarla con un movimiento fuerte.

Han använde bröstet för att välta henne med en kraftfull rörelse.

Ella cayó de lado y no pudo levantarse más.

Hon föll på sidan och kunde inte resa sig upp igen.

Eso era lo que los demás habían estado esperando todo el tiempo.

Det var det som de andra hade väntat på hela tiden.

Los perros esquimales saltaron sobre ella, aullando y gruñendo frenéticamente.

Huskiesna hoppade på henne, skrikande och morrande i ett vansinnigt tempo.

Ella gritó cuando la enterraron bajo una pila de perros.

Hon skrek när de begravde henne under en hög med hundar.

El ataque fue tan rápido que Buck se quedó paralizado por la sorpresa.

Attacken var så snabb att Buck frös till av chock.

Vio a Spitz sacar la lengua de una manera que parecía una risa.

Han såg Spitz sträcka ut tungan på ett sätt som såg ut som ett skratt.

François cogió un hacha y corrió directamente hacia el grupo de perros.

François grep en yxa och sprang rakt in i hundflocket.

Otros tres hombres usaron palos para ayudar a ahuyentar a los perros esquimales.

Tre andra män använde klubbor för att hjälpa till att jaga bort huskiesna.

En sólo dos minutos, la pelea terminó y los perros desaparecieron.

På bara två minuter var slagsmålet över och hundarna var borta.

Curly yacía muerta en la nieve roja y pisoteada, con su cuerpo destrozado.

Lockig låg död i den röda, nedtrampade snön, hennes kropp sönderriven.

Un hombre de piel oscura estaba de pie sobre ella, maldiciendo la brutal escena.

En mörkhyad man stod över henne och förbannade den brutala scenen.

El recuerdo permaneció con Buck y atormentó sus sueños por la noche.

Minnet stannade kvar hos Buck och hemsökte hans drömmar om nätterna.

Así era aquí: sin justicia, sin segundas oportunidades.

Det var så här; ingen rättvisa, ingen andra chans.

Una vez que un perro caía, los demás lo mataban sin piedad.

När en hund föll, dödade de andra utan nåd.

Buck decidió entonces que nunca se permitiría caer.

Buck bestämde sig då för att han aldrig skulle låta sig själv falla.

Spitz volvió a sacar la lengua y se rió de la sangre.

Spitz sträckte ut tungan igen och skrattade åt blodet.

Desde ese momento, Buck odió a Spitz con todo su corazón.

Från det ögonblicket hatade Buck Spitz av hela sitt hjärta.

Antes de que Buck pudiera recuperarse de la muerte de Curly, sucedió algo nuevo.

Innan Buck hann återhämta sig från Lockigs död hände något nytt.

François se acercó y ató algo alrededor del cuerpo de Buck.

François kom fram och spände fast något runt Bucks kropp.

Era un arnés como los que usaban los caballos en el rancho.

Det var en sele lik den som används på hästar på ranchen.

Así como Buck había visto trabajar a los caballos, ahora él también estaba obligado a trabajar.

Precis som Buck hade sett hästar arbeta, var han nu tvungen att också arbeta.

Tuvo que arrastrar a François en un trineo hasta el bosque cercano.

Han var tvungen att dra François på en släde in i skogen i närheten.

Después tuvo que arrastrar una carga de leña pesada.

Sedan var han tvungen att dra tillbaka ett lass tungt ved.

Buck era orgulloso, por eso le dolía que lo trataran como a un animal de trabajo.
Buck var stolt, så det gjorde ont att bli behandlad som ett arbetsdjur.
Pero él era sabio y no intentó luchar contra la nueva situación.
Men han var klok och försökte inte kämpa mot den nya situationen.
Aceptó su nueva vida y dio lo mejor de sí en cada tarea.
Han accepterade sitt nya liv och gav sitt bästa i varje uppgift.
Todo en la obra le resultaba extraño y desconocido.
Allt med arbetet var främmande och okänt för honom.
Francisco era estricto y exigía obediencia sin demora.
François var sträng och krävde lydnad utan dröjsmål.
Su látigo garantizaba que cada orden fuera seguida al instante.
Hans piska såg till att varje kommando följdes genast.
Dave era el que conducía el trineo, el perro que estaba más cerca de él, detrás de Buck.
Dave var rullande hund, hunden närmast släden bakom Buck.
Dave mordió a Buck en las patas traseras si cometía un error.
Dave bet Buck i bakbenen om han gjorde ett misstag.
Spitz era el perro líder, hábil y experimentado en su función.
Spitz var ledarhunden, skicklig och erfaren i rollen.
Spitz no pudo alcanzar a Buck fácilmente, pero aún así lo corrigió.
Spitz kunde inte lätt nå Buck, men rättade honom ändå.
Gruñó con dureza o tiró del trineo de maneras que le enseñaron a Buck.
Han morrade hårt eller drog släden på sätt som lärde Buck.
Con este entrenamiento, Buck aprendió más rápido de lo que cualquiera de ellos esperaba.
Under den här träningen lärde sig Buck snabbare än någon av dem förväntade sig.
Trabajó duro y aprendió tanto de François como de los otros perros.

Han arbetade hårt och lärde sig av både François och de andra hundarna.

Cuando regresaron, Buck ya conocía los comandos clave.

När de återvände kunde Buck redan nyckelkommandona.

Aprendió a detenerse al oír la palabra "ho" gracias a François.

Han lärde sig att stanna vid ljudet av "ho" från François.

Aprendió cuando tenía que tirar del trineo y correr.

Han lärde sig när han var tvungen att dra släden och springa.

Aprendió a girar abiertamente en las curvas del camino sin problemas.

Han lärde sig att svänga brett i kurvor på leden utan problem.

También aprendió a evitar a Dave cuando el trineo descendía rápidamente.

Han lärde sig också att undvika Dave när släden åkte nerför snabbt.

"Son perros muy buenos", le dijo orgulloso François a Perrault.

"De är väldigt duktiga hundar", sa François stolt till Perrault.

"Ese Buck tira como un demonio. Le enseño rapidísimo".

"Den där Bucken drar som bara den – jag lär honom hur snabbt som helst."

Más tarde ese día, Perrault regresó con dos perros husky más.

Senare samma dag kom Perrault tillbaka med ytterligare två huskyhundar.

Se llamaban Billee y Joe y eran hermanos.

De hette Billee och Joe, och de var bröder.

Venían de la misma madre, pero no se parecían en nada.

De kom från samma mor, men var inte alls lika.

Billee era de carácter dulce y muy amigable con todos.

Billee var godhjärtad och alltför vänlig mot alla.

Joe era todo lo contrario: tranquilo, enojado y siempre gruñendo.

Joe var motsatsen – tyst, arg och alltid morrande.

Buck los saludó de manera amigable y se mostró tranquilo con ambos.

Buck hälsade dem vänligt och förhöll sig lugn mot båda.

Dave no les prestó atención y permaneció en silencio como siempre.

Dave brydde sig inte om dem och förblev tyst som vanligt.

Spitz atacó primero a Billee, luego a Joe, para demostrar su dominio.

Spitz attackerade först Billee, sedan Joe, för att visa sin dominans.

Billee movió la cola y trató de ser amigable con Spitz.

Billee viftade på svansen och försökte vara vänlig mot Spitz.

Cuando eso no funcionó, intentó huir.

När det inte fungerade försökte han springa iväg istället.

Lloró tristemente cuando Spitz lo mordió fuerte en el costado.

Han grät sorgset när Spitz bet honom hårt i sidan.

Pero Joe era muy diferente y se negaba a dejarse intimidar.

Men Joe var väldigt annorlunda och vägrade att bli mobbad.

Cada vez que Spitz se acercaba, Joe giraba rápidamente para enfrentarlo.

Varje gång Spitz kom nära, vände Joe sig snabbt om för att möta honom.

Su pelaje se erizó, sus labios se curvaron y sus dientes chasquearon salvajemente.

Hans päls borstade, hans läppar krullade sig och hans tänder knäppte vilt.

Los ojos de Joe brillaron de miedo y rabia, desafiando a Spitz a atacar.

Joes ögon glänste av rädsla och raseri och utmanade Spitz att slå till.

Spitz abandonó la lucha y se alejó, humillado y enojado.

Spitz gav upp kampen och vände sig bort, förödmjukad och arg.

Descargó su frustración en el pobre Billee y lo ahuyentó.

Han släppte ut sin frustration på stackars Billee och jagade bort honom.

Esa noche, Perrault añadió un perro más al equipo.
Den kvällen lade Perrault till ytterligare en hund i teamet.
Este perro era viejo, delgado y cubierto de cicatrices de batalla.
Den här hunden var gammal, mager och täckt av stridsärr.
Le faltaba un ojo, pero el otro brillaba con poder.
Ett av hans öga saknades, men det andra blixtrade av kraft.
El nombre del nuevo perro era Solleks, que significaba "el enojado".
Den nya hundens namn var Solleks, vilket betydde Den Arga.
Al igual que Dave, Solleks no pidió nada a los demás y no dio nada a cambio.
Liksom Dave begärde Solleks ingenting av andra och gav ingenting tillbaka.
Cuando Solleks entró lentamente al campamento, incluso Spitz se mantuvo alejado.
När Solleks långsamt gick in i lägret höll sig till och med Spitz borta.
Tenía un hábito extraño que Buck tuvo la mala suerte de descubrir.
Han hade en konstig vana som Buck hade otur att upptäcka.
A Solleks le disgustaba que se acercaran a él por el lado donde estaba ciego.
Solleks hatade att bli närmad från den sida där han var blind.
Buck no sabía esto y cometió ese error por accidente.
Buck visste inte detta och gjorde det misstaget av misstag.
Solleks se dio la vuelta y cortó el hombro de Buck profunda y rápidamente.
Solleks snurrade om och högg Buck djupt och snabbt i axeln.
A partir de ese momento, Buck nunca se acercó al lado ciego de Solleks.
Från det ögonblicket kom Buck aldrig i närheten av Solleks blinda sida.
Nunca volvieron a tener problemas durante el resto del tiempo que estuvieron juntos.
De hade aldrig problem igen under resten av sin tid tillsammans.

Solleks sólo quería que lo dejaran solo, como el tranquilo Dave.

Solleks ville bara bli lämnad ifred, precis som den tystlåtne Dave.

Pero Buck se enteraría más tarde de que cada uno tenía otro objetivo secreto.

Men Buck skulle senare få veta att de var och en hade ett annat hemligt mål.

Esa noche, Buck se enfrentó a un nuevo y preocupante desafío: cómo dormir.

Den natten stod Buck inför en ny och besvärande utmaning – hur man skulle sova.

La tienda brillaba cálidamente con la luz de las velas en el campo nevado.

Tältet glödde varmt av levande ljus i det snötäckta fältet.

Buck entró, pensando que podría descansar allí como antes.

Buck gick in och tänkte att han kunde vila där som förut.

Pero Perrault y François le gritaron y le lanzaron sartenes.

Men Perrault och François skrek åt honom och kastade kastpannor.

Sorprendido y confundido, Buck corrió hacia el frío helado.

Chockad och förvirrad sprang Buck ut i den isande kylan.

Un viento amargo le azotó el hombro herido y le congeló las patas.

En bitter vind sved i hans sårade axel och frös till i hans tassar.

Se tumbó en la nieve y trató de dormir al aire libre.

Han lade sig ner i snön och försökte sova ute i det fria.

Pero el frío pronto le obligó a levantarse de nuevo, temblando mucho.

Men kylan tvingade honom snart att resa sig upp igen, darrandes rejält.

Deambuló por el campamento intentando encontrar un lugar más cálido.

Han vandrade genom lägret och försökte hitta en varmare plats.

Pero cada rincón estaba tan frío como el anterior.

Men varje hörn var lika kallt som det föregående.

A veces, perros salvajes saltaban sobre él desde la oscuridad.
Ibland hoppade vilda hundar på honom från mörkret.
Buck erizó su pelaje, mostró los dientes y gruñó en señal de advertencia.
Buck strök med pälsen, blottade tänderna och morrade varnande.
Estaba aprendiendo rápido y los otros perros se alejaban rápidamente.
Han lärde sig snabbt, och de andra hundarna backade snabbt.
Aún así, no tenía dónde dormir ni idea de qué hacer.
Ändå hade han ingenstans att sova, och ingen aning om vad han skulle göra.
Por fin se le ocurrió una idea: ver cómo estaban sus compañeros de equipo.
Till slut slog honom en tanke – kolla läget med sina lagkamrater.
Regresó a su zona y se sorprendió al descubrir que habían desaparecido.
Han återvände till deras område och blev förvånad över att de var borta.
Nuevamente buscó por todo el campamento, pero todavía no pudo encontrarlos.
Återigen sökte han igenom lägret, men kunde fortfarande inte hitta dem.
Sabía que ellos no podían estar en la tienda, o él también lo estaría.
Han visste att de inte fick vara i tältet, annars skulle han också vara det.
Entonces ¿a dónde se habían ido todos los perros en este campamento helado?
Så vart hade alla hundar tagit vägen i det här frusna lägret?
Buck, frío y miserable, caminó lentamente alrededor de la tienda.
Buck, kall och olycklig, cirkulerade långsamt runt tältet.
De repente, sus patas delanteras se hundieron en la nieve blanda y lo sobresaltó.

Plötsligt sjönk hans framben ner i den mjuka snön och skrämde honom.

Algo se movió bajo sus pies y saltó hacia atrás asustado.

Något slingrade sig under hans fötter, och han hoppade bakåt i rädsla.

Gruñó y rugió sin saber qué había debajo de la nieve.

Han morrade och morrade, ovetande om vad som låg under snön.

Entonces oyó un ladrido amistoso que alivió su miedo.

Sedan hörde han ett vänligt litet skall som lindrade hans rädsla.

Olfateó el aire y se acercó para ver qué estaba oculto.

Han luktade i luften och kom närmare för att se vad som gömde sig.

Bajo la nieve, acurrucada en una bola cálida, estaba la pequeña Billee.

Under snön, hopkrupen till en varm boll, låg lilla Billee.

Billee movió la cola y lamió la cara de Buck para saludarlo.

Billee viftade på svansen och slickade Bucks ansikte för att hälsa honom.

Buck vio cómo Billee había hecho un lugar para dormir en la nieve.

Buck såg hur Billee hade gjort en sovplats i snön.

Había cavado y usado su propio calor para mantenerse caliente.

Han hade grävt ner sig och använt sin egen värme för att hålla sig varm.

Buck había aprendido otra lección: así era como dormían los perros.

Buck hade lärt sig en annan läxa – det var så här hundarna sov.

Eligió un lugar y comenzó a cavar su propio hoyo en la nieve.

Han valde en plats och började gräva sitt eget hål i snön.

Al principio, se movía demasiado y desperdiciaba energía.

Till en början rörde han sig för mycket och slösade energi.

Pero pronto su cuerpo calentó el espacio y se sintió seguro.

Men snart värmde hans kropp upp utrymmet, och han kände sig trygg.

Se acurrucó fuertemente y al poco tiempo estaba profundamente dormido.

Han kröp ihop sig hårt, och det dröjde inte länge förrän han sov djupt.

El día había sido largo y duro, y Buck estaba exhausto.

Dagen hade varit lång och svår, och Buck var utmattad.

Durmió profundamente y cómodamente, aunque sus sueños fueron salvajes.

Han sov djupt och bekvämt, fastän hans drömmar var vilda.

Gruñó y ladró mientras dormía, retorciéndose mientras soñaba.

Han morrade och skällde i sömnen och vred sig medan han drömde.

Buck no se despertó hasta que el campamento ya estaba cobrando vida.

Buck vaknade inte förrän lägret redan vaknade till liv.

Al principio, no sabía dónde estaba ni qué había sucedido.

Till en början visste han inte var han var eller vad som hade hänt.

Había nevado durante la noche y había enterrado completamente su cuerpo.

Snö hade fallit över natten och begravt hans kropp helt.

La nieve lo apretaba por todos lados.

Snön tryckte sig tätt runt honom från alla sidor.

De repente, una ola de miedo recorrió todo el cuerpo de Buck.

Plötsligt rusade en våg av rädsla genom hela Bucks kropp.

Era el miedo a quedar atrapado, un miedo que provenía de instintos profundos.

Det var rädslan för att bli fångad, en rädsla från djupa instinkter.

Aunque nunca había visto una trampa, el miedo vivía dentro de él.

Även om han aldrig hade sett en fälla, levde rädslan inom honom.

Era un perro domesticado, pero ahora sus viejos instintos salvajes estaban despertando.

Han var en tam hund, men nu vaknade hans gamla vilda instinkter.

Los músculos de Buck se tensaron y se le erizó el pelaje por toda la espalda.

Bucks muskler spändes, och hans päls reste sig över hela ryggen.

Gruñó ferozmente y saltó hacia arriba a través de la nieve.

Han morrade ilsket och hoppade rakt upp genom snön.

La nieve voló en todas direcciones cuando estalló la luz del día.

Snön flög åt alla håll när han bröt ut i dagsljuset.

Incluso antes de aterrizar, Buck vio el campamento extendido ante él.

Redan innan landstigningen såg Buck lägret utbrett framför sig.

Recordó todo del día anterior, de repente.

Han kom ihåg allt från dagen innan, på en gång.

Recordó pasear con Manuel y terminar en ese lugar.

Han mindes att han promenerade med Manuel och hamnade på den här platsen.

Recordó haber cavado el hoyo y haberse quedado dormido en el frío.

Han mindes att han grävde hålet och somnade i kylan.

Ahora estaba despierto y el mundo salvaje que lo rodeaba estaba claro.

Nu var han vaken, och den vilda världen omkring honom var klar.

Un grito de François saludó la repentina aparición de Buck.

Ett rop från François hyllade Bucks plötsliga ankomst.

—¿Qué te dije? —gritó en voz alta el conductor del perro a Perrault.

"Vad sa jag?" ropade hundföraren högt till Perrault.

"Ese Buck sin duda aprende muy rápido", añadió François.

"Den där Buck lär sig verkligen hur snabbt som helst", tillade François.

Perrault asintió gravemente, claramente satisfecho con el resultado.

Perrault nickade allvarligt, tydligt nöjd med resultatet.

Como mensajero del gobierno canadiense, transportaba despachos.

Som kurir för den kanadensiska regeringen bar han depescher.

Estaba ansioso por encontrar los mejores perros para su importante misión.

Han var ivrig att hitta de bästa hundarna för sitt viktiga uppdrag.

Se sintió especialmente complacido ahora que Buck era parte del equipo.

Han kände sig särskilt glad nu när Buck var en del av laget.

Se agregaron tres huskies más al equipo en una hora.

Tre ytterligare huskies lades till i laget inom en timme.

Eso elevó el número total de perros en el equipo a nueve.

Det innebar att det totala antalet hundar i laget uppgick till nio.

En quince minutos todos los perros estaban en sus arneses.

Inom femton minuter var alla hundar i sina selar.

El equipo de trineos avanzaba por el sendero hacia Dyea Cañón.

Kälkspannet svängde uppför stigen mot Dyea Cañón.

Buck se sintió contento de partir, incluso si el trabajo que tenía por delante era duro.

Buck kände sig glad över att få åka, även om arbetet framför honom var hårt.

Descubrió que no despreciaba especialmente el trabajo ni el frío.

Han fann att han inte särskilt föraktade arbetet eller kylan.

Le sorprendió el entusiasmo que llenaba a todo el equipo.

Han blev förvånad över den iver som fyllde hela laget.

Aún más sorprendente fue el cambio que se produjo en Dave y Solleks.

Ännu mer förvånande var den förändring som hade skett över Dave och Solleks.

Estos dos perros eran completamente diferentes cuando estaban enjaezados.

Dessa två hundar var helt olika när de var selade.

Su pasividad y falta de preocupación habían desaparecido por completo.

Deras passivitet och brist på omsorg hade helt försvunnit.

Estaban alertas y activos, y ansiosos por hacer bien su trabajo.

De var alerta och aktiva, och ivriga att göra sitt arbete väl.

Se irritaban ferozmente ante cualquier cosa que causara retraso o confusión.

De blev våldsamt irriterade över allt som orsakade förseningar eller förvirring.

El duro trabajo en las riendas era el centro de todo su ser.

Det hårda arbetet med tyglarna var centrum för hela deras väsen.

Tirar del trineo parecía ser lo único que realmente disfrutaban.

Att dra släde verkade vara det enda de verkligen tyckte om.

Dave estaba en la parte de atrás del grupo, más cerca del trineo.

Dave var längst bak i gruppen, närmast själva släden.

Buck fue colocado delante de Dave, y Solleks se adelantó a Buck.

Buck placerades framför Dave, och Solleks drog före Buck.

El resto de los perros estaban dispersos adelante, en una sola fila.

Resten av hundarna låg utsträckta framför dem i en enda rad.

La posición de cabeza en la parte delantera quedó ocupada por Spitz.

Ledarpositionen längst fram fylldes av Spitz.

Buck había sido colocado entre Dave y Solleks para recibir instrucción.

Buck hade placerats mellan Dave och Solleks för instruktion.

Él aprendía rápido y sus profesores eran firmes y capaces.

Han var en snabb lärare, och de var bestämda och skickliga lärare.

Nunca permitieron que Buck permaneciera en el error por mucho tiempo.

De lät aldrig Buck förbli i fel ställning länge.

Enseñaron sus lecciones con dientes afilados cuando era necesario.

De undervisade sina lektioner med vassa tänder när det behövdes.

Dave era justo y mostraba un tipo de sabiduría tranquila y seria.

Dave var rättvis och visade en stillsam, allvarlig sorts visdom.

Él nunca mordió a Buck sin una buena razón para hacerlo.

Han bet aldrig Buck utan en god anledning.

Pero nunca dejó de morder cuando Buck necesitaba corrección.

Men han underlät aldrig att bita när Buck behövde korrigeras.

El látigo de Francisco estaba siempre listo y respaldaba su autoridad.

François piska var alltid redo och backade upp deras auktoritet.

Buck pronto descubrió que era mejor obedecer que defenderse.

Buck insåg snart att det var bättre att lyda än att slå tillbaka.

Una vez, durante un breve descanso, Buck se enredó en las riendas.

En gång, under en kort vila, trasslade sig Buck in i tyglarna.

Retrasó el inicio y confundió los movimientos del equipo.

Han försenade starten och störde lagets rörelser.

Dave y Solleks se abalanzaron sobre él y le dieron una paliza brutal.

Dave och Solleks flög mot honom och gav honom en hård smäll.

El enredo sólo empeoró, pero Buck aprendió bien la lección.

Trassel blev bara värre, men Buck lärde sig sin läxa väl.

A partir de entonces, mantuvo las riendas tensas y trabajó con cuidado.

Från och med då höll han tyglarna spända och arbetade noggrant.

Antes de que terminara el día, Buck había dominado gran parte de su tarea.

Innan dagen var slut hade Buck bemästrat mycket av sin uppgift.

Sus compañeros casi dejaron de corregirlo y morderlo.

Hans lagkamrater slutade nästan att korrigera eller bita honom.

El látigo de François resonaba cada vez con menos frecuencia en el aire.

François piska smällde allt mer sällan genom luften.

Perrault incluso levantó los pies de Buck y examinó cuidadosamente cada pata.

Perrault lyfte till och med Bucks fötter och undersökte noggrant varje tass.

Había sido un día de carrera duro, largo y agotador para todos ellos.

Det hade varit en hård dags löpning, lång och utmattande för dem alla.

Viajaron por el Cañón, atravesando Sheep Camp y pasando por Scales.

De reste uppför Cañón, genom Sheep Camp och förbi Scales.

Cruzaron la línea de árboles, luego glaciares y bancos de nieve de muchos metros de profundidad.

De korsade skogsgränsen, sedan glaciärer och snödrivor som var många meter djupa.

Escalaron la gran, fría y prohibitiva divisoria de Chilkoot.

De klättrade uppför den stora kalla och avskräckande Chilkoot-klyftan.

Esa alta cresta se encontraba entre el agua salada y el interior helado.

Den höga åsen stod mellan saltvatten och det frusna inlandet.

Las montañas custodiaban con hielo y empinadas subidas el triste y solitario Norte.

Bergen vaktade det sorgsna och ensamma Norden med is och branta klättringar.

Avanzaron a buen ritmo por una larga cadena de lagos debajo de la divisoria.

De tog sig god tid nerför en lång kedja av sjöar nedanför gränsklyftan.

Esos lagos llenaban los antiguos cráteres de volcanes extintos.

Dessa sjöar fyllde de forntida kratrarna av slocknade vulkaner.

Tarde esa noche, llegaron a un gran campamento en el lago Bennett.

Sent på natten nådde de ett stort läger vid Lake Bennett.

Miles de buscadores de oro estaban allí, construyendo barcos para la primavera.

Tusentals guldsökare var där och byggde båtar inför våren.

El hielo se rompería pronto y tenían que estar preparados.

Isen skulle snart brytas upp, och de var tvungna att vara redo.

Buck cavó su hoyo en la nieve y cayó en un sueño profundo.

Buck grävde sitt hål i snön och föll i en djup sömn.

Durmió como un trabajador, exhausto por la dura jornada de trabajo.

Han sov som en arbetare, utmattad efter den hårda dagens slit.

Pero demasiado pronto, en la oscuridad, fue sacado del sueño.

Men för tidigt i mörkret drogs han ur sömnen.

Fue enganchado nuevamente con sus compañeros y sujeto al trineo.

Han selades fast med sina kompisar igen och fästes vid släden.

Aquel día hicieron cuarenta millas, porque la nieve estaba muy pisoteada.

Den dagen tillryggalade de fyrtio mil, eftersom snön var väl upptrampad.

Al día siguiente, y durante muchos días más, la nieve estaba blanda.

Nästa dag, och i många dagar efteråt, var snön mjuk.

Tuvieron que hacer el camino ellos mismos, trabajando más duro y moviéndose más lento.

De var tvungna att göra vägen själva, arbeta hårdare och röra sig långsammare.

Por lo general, Perrault caminaba delante del equipo con raquetas de nieve palmeadas.

Vanligtvis gick Perrault före laget med snöskor med simhud.

Sus pasos compactaron la nieve, facilitando el movimiento del trineo.

Hans steg packade snön, vilket gjorde det lättare för släden att röra sig.

François, que dirigía el barco desde la dirección, a veces tomaba el relevo.

François, som styrde från gee-pole, tog ibland över.

Pero era raro que François tomara la iniciativa.

Men det var sällsynt att François tog ledningen

porque Perrault tenía prisa por entregar las cartas y los paquetes.

eftersom Perrault hade bråttom att leverera breven och paketen.

Perrault estaba orgulloso de su conocimiento de la nieve, y especialmente del hielo.

Perrault var stolt över sin kunskap om snö, och särskilt is.

Ese conocimiento era esencial porque el hielo en otoño era peligrosamente delgado.

Den kunskapen var avgörande, eftersom höstisen var farligt tunn.

Allí donde el agua fluía rápidamente bajo la superficie, no había hielo en absoluto.

Där vattnet flödade snabbt under ytan fanns det ingen is alls.

Día tras día, la misma rutina se repetía sin fin.

Dag efter dag upprepades samma rutin utan slut.

Buck trabajó incansablemente en las riendas desde el amanecer hasta la noche.

Buck slet oavbrutet i tyglarna från gryning till natt.

Abandonaron el campamento en la oscuridad, mucho antes de que saliera el sol.

De lämnade lägret i mörkret, långt innan solen hade gått upp.

Cuando amaneció, ya habían recorrido muchos kilómetros.

När det blev dagsljus hade de redan lagt många mil bakom sig.

Acamparon después del anochecer, comieron pescado y excavaron en la nieve.

De slog läger efter mörkrets inbrott, åt fisk och grävde sig ner i snön.

Buck siempre tenía hambre y nunca estaba realmente satisfecho con su ración.

Buck var alltid hungrig och aldrig riktigt nöjd med sin ranson.

Recibía una libra y media de salmón seco cada día.

Han fick ett och ett halvt pund torkad lax varje dag.

Pero la comida parecía desaparecer dentro de él, dejando atrás el hambre.

Men maten tycktes försvinna inuti honom och lämna hungern bakom sig.

Sufría constantes dolores de hambre y soñaba con más comida.

Han led av ständig hunger och drömde om mer mat.

Los otros perros sólo ganaron una libra, pero se mantuvieron fuertes.

De andra hundarna fick bara ett halvt kilo mat, men de förblev starka.

Eran más pequeños y habían nacido en la vida del norte.

De var mindre och hade fötts in i det nordliga livet.

Perdió rápidamente la meticulosidad que había caracterizado su antigua vida.

Han förlorade snabbt den noggrannhet som hade präglat hans gamla liv.

Había sido un comensal delicado, pero ahora eso ya no era posible.

Han hade varit en nättätare, men nu var det inte längre möjligt.

Sus compañeros terminaron primero y le robaron su ración sobrante.

Hans kompisar blev klara först och stjälde hans oavslutade ranson.

Una vez que empezaron, no había forma de defender su comida de ellos.

När de väl hade börjat fanns det inget sätt att försvara hans mat från dem.

Mientras él luchaba contra dos o tres perros, los otros le robaron el resto.

Medan han kämpade mot två eller tre hundar, stal de andra resten.

Para solucionar esto, comenzó a comer tan rápido como los demás.

För att åtgärda detta började han äta lika fort som de andra åt.

El hambre lo empujó tan fuerte que incluso tomó comida que no era suya.

Hungern pressade honom så hårt att han till och med åt mat som inte var hans egen.

Observó a los demás y aprendió rápidamente de sus acciones.

Han iakttog de andra och lärde sig snabbt av deras handlingar.

Vio a Pike, un perro nuevo, robarle una rebanada de tocino a Perrault.

Han såg Pike, en ny hund, stjäla en skiva bacon från Perrault.

Pike había esperado hasta que Perrault se dio la espalda para robarle el tocino.

Pike hade väntat tills Perrault hade vänt ryggen till för att stjäla baconet.

Al día siguiente, Buck copió a Pike y robó todo el trozo.

Nästa dag kopierade Buck Pike och stal hela biten.

Se produjo un gran alboroto, pero no se sospechó de Buck.

Ett stort uppståndelse följde, men Buck misstänktes inte.

Dub, un perro torpe que siempre era atrapado, fue castigado.

Dub, en klumpig hund som alltid blev tagen, straffades istället.

Ese primer robo marcó a Buck como un perro apto para sobrevivir en el Norte.

Den första stölden markerade Buck som en hund lämpad att överleva i norr.

Demostró que podía adaptarse a nuevas condiciones y aprender rápidamente.

Han visade att han kunde anpassa sig till nya förhållanden och lära sig snabbt.

Sin esa adaptabilidad, habría muerto rápida y gravemente.

Utan sådan anpassningsförmåga skulle han ha dött snabbt och illa.

También marcó el colapso de su naturaleza moral y de sus valores pasados.

Det markerade också ett sammanbrott av hans moraliska natur och tidigare värderingar.

En el Sur, había vivido bajo la ley del amor y la bondad.

I Sydlandet hade han levt under kärlekens och vänlighetens lag.

Allí tenía sentido respetar la propiedad y los sentimientos de los otros perros.

Där var det vettigt att respektera egendom och andra hundars känslor.

Pero en el Norte se aplicaba la ley del garrote y la ley del colmillo.

Men Northland följde klubblagen och huggtandslagarna.

Quienquiera que respetara los viejos valores aquí sería un tonto y fracasaría.

Den som respekterade gamla värderingar här var dåraktig och skulle misslyckas.

Buck no razonó todo esto en su mente.

Buck resonerade inte ut allt detta i sitt huvud.

Estaba en forma y se adaptó sin necesidad de pensar.

Han var i form, så han anpassade sig utan att behöva tänka.

Durante toda su vida, nunca había huido de una pelea.

Hela sitt liv hade han aldrig rymt från ett bråk.

Pero el garrote de madera del hombre del suéter rojo cambió esa regla.

Men mannen i den röda tröjans träklubba ändrade den regeln.

Ahora seguía un código más profundo y antiguo escrito en su ser.

Nu följde han en djupare, äldre kod inskriven i hans varelse.

No robó por placer sino por el dolor del hambre.
Han stal inte av njutning, utan av hungerns smärta.
Él nunca robaba abiertamente, sino que hurtaba con astucia y cuidado.
Han rånade aldrig öppet, utan stal med slughet och omsorg.
Actuó por respeto al garrote de madera y por miedo al colmillo.
Han agerade av respekt för träklubban och rädsla för huggtanden.
En resumen, hizo lo que era más fácil y seguro que no hacerlo.
Kort sagt, han gjorde det som var enklare och säkrare än att inte göra det.
Su desarrollo —o quizás su regreso a los viejos instintos— fue rápido.
Hans utveckling – eller kanske hans återgång till gamla instinkter – gick snabbt.
Sus músculos se endurecieron hasta sentirse tan fuertes como el hierro.
Hans muskler hårdnade tills de kändes starka som järn.
Ya no le importaba el dolor, a menos que fuera grave.
Han brydde sig inte längre om smärta, såvida den inte var allvarlig.
Se volvió eficiente por dentro y por fuera, sin desperdiciar nada.
Han blev effektiv både inifrån och ut, utan att slösa någonting alls.
Podía comer cosas viles, podridas o difíciles de digerir.
Han kunde äta saker som var vidriga, ruttna eller svårsmälta.
Todo lo que comía, su estómago aprovechaba hasta el último vestigio de valor.
Vad han än åt, förbrukade hans mage varenda gnutta av värde.
Su sangre transportaba los nutrientes a través de su poderoso cuerpo.
Hans blod bar näringsämnena långt genom hans kraftfulla kropp.

Esto creó tejidos fuertes que le dieron una resistencia increíble.

Detta byggde upp starka vävnader som gav honom otrolig uthållighet.

Su vista y su olfato se volvieron mucho más sensibles que antes.

Hans syn och lukt blev mycket känsligare än tidigare.

Su audición se agudizó tanto que podía detectar sonidos débiles durante el sueño.

Hans hörsel blev så skarp att han kunde uppfatta svaga ljud i sömnen.

Sabía en sueños si los sonidos significaban seguridad o peligro.

Han visste i sina drömmar om ljuden betydde säkerhet eller fara.

Aprendió a morder el hielo entre los dedos de los pies con los dientes.

Han lärde sig att bita i isen mellan tårna med tänderna.

Si un charco de agua se congelaba, rompía el hielo con las piernas.

Om ett vattenhål frös till, brukade han bryta isen med benen.

Se encabritó y golpeó con fuerza el hielo con sus rígidas patas delanteras.

Han reste sig upp och slog hårt i isen med stela framben.

Su habilidad más sorprendente era predecir los cambios del viento durante la noche.

Hans mest slående förmåga var att förutsäga vindförändringar över natten.

Incluso cuando el aire estaba quieto, elegía lugares protegidos del viento.

Även när luften var stilla valde han platser skyddade från vinden.

Dondequiera que cavaba su nido, el viento del día siguiente lo pasaba de largo.

Var han än grävde sitt bo, blåste nästa dags vind förbi honom.

Siempre acababa abrigado y protegido, a sotavento de la brisa.

Han låg alltid bekvämt och skyddad, i lä från vinden.

Buck no sólo aprendió con la experiencia: sus instintos también regresaron.

Buck lärde sig inte bara av erfarenhet – hans instinkter återvände också.

Los hábitos de las generaciones domesticadas comenzaron a desaparecer.

Vanorna från domesticerade generationer började falla bort.

De manera vaga, recordaba los tiempos antiguos de su raza.

På vaga sätt mindes han sin släkts forntida tider.

Recordó cuando los perros salvajes corrían en manadas por los bosques.

Han tänkte tillbaka på när vilda hundar sprang i flock genom skogar.

Habían perseguido y matado a su presa mientras la perseguían.

De hade jagat och dödat sitt byte medan de sprang ner det.

Para Buck fue fácil aprender a pelear con dientes y velocidad.

Det var lätt för Buck att lära sig att slåss med tand och fart.

Utilizaba cortes, tajos y chasquidos rápidos igual que sus antepasados.

Han använde snitt, snedstreck och snabba snäpp precis som sina förfäder.

Aquellos antepasados se agitaron dentro de él y despertaron su naturaleza salvaje.

Dessa förfäder rörde sig inom honom och väckte hans vilda natur.

Sus antiguas habilidades habían pasado a él a través de la línea de sangre.

Deras gamla färdigheter hade ärvts till honom genom blodslinjen.

Sus trucos ahora eran suyos, sin necesidad de práctica ni esfuerzo.

Deras trick var nu hans, utan behov av övning eller ansträngning.

En las noches frías y quietas, Buck levantaba la nariz y aullaba.

På stilla, kalla nätter lyfte Buck på nosen och ylade.

Aulló largo y profundamente, como lo hacían los lobos antaño.

Han ylade länge och djupt, som vargar hade gjort för länge sedan.

A través de él, sus antepasados muertos apuntaron sus narices y aullaron.

Genom honom pekade hans döda förfäder på näsan och ylade.

Aullaron a través de los siglos con su voz y su forma.

De ylade ner genom århundradena i hans röst och skepnad.

Sus cadencias eran las de ellos, viejos gritos que hablaban de dolor y frío.

Hans kadenser var deras, gamla rop som berättade om sorg och kyla.

Cantaron sobre la oscuridad, el hambre y el significado del invierno.

De sjöng om mörker, om hunger och vinterns innebörd.

Buck demostró cómo la vida está determinada por fuerzas ajenas a uno mismo.

Buck bevisade hur livet formas av krafter bortom en själv,

La antigua canción se elevó a través de Buck y se apoderó de su alma.

den uråldriga sången steg genom Buck och grep tag i hans själ.

Se encontró a sí mismo porque los hombres habían encontrado oro en el Norte.

Han fann sig själv eftersom män hade hittat guld i norr.

Y se encontró porque Manuel, el ayudante del jardinero, necesitaba dinero.

Och han fann sig själv eftersom Manuel, trädgårdsmästarens medhjälpare, behövde pengar.

La Bestia Primordial Dominante
Det dominerande urdjuret

La bestia primordial dominante era tan fuerte como siempre en Buck.

Det dominerande urdjuret var lika starkt som alltid i Buck.

Pero la bestia primordial dominante yacía latente en él.

Men det dominerande urdjuret hade legat vilande inom honom.

La vida en el camino era dura, pero fortalecía a la bestia que Buck llevaba dentro.

Livet på stigen var hårt, men det stärkte odjuret inom Buck.

En secreto, la bestia se hacía cada día más fuerte.

I hemlighet blev odjuret starkare och starkare för varje dag.

Pero ese crecimiento interior permaneció oculto para el mundo exterior.

Men den inre tillväxten förblev dold för omvärlden.

Una fuerza primordial, tranquila y calmada se estaba construyendo dentro de Buck.

En tyst och lugn urkraft byggdes upp inom Buck.

Una nueva astucia le proporcionó a Buck equilibrio, calma, control y aplomo.

Ny slughet gav Buck balans, lugn och kontroll och fattning.

Buck se concentró mucho en adaptarse, sin sentirse nunca totalmente relajado.

Buck fokuserade hårt på att anpassa sig och kände sig aldrig helt avslappnad.

Él evitaba los conflictos, nunca iniciaba peleas ni buscaba problemas.

Han undvek konflikter, startade aldrig bråk eller sökte bråk.

Una reflexión lenta y constante moldeó cada movimiento de Buck.

En långsam, stadig eftertänksamhet formade Bucks varje rörelse.

Evitó las elecciones precipitadas y las decisiones repentinas e imprudentes.

Han undvek förhastade val och plötsliga, vårdslösa beslut.

Aunque Buck odiaba profundamente a Spitz, no le mostró ninguna agresión.

Även om Buck hatade Spitz djupt, visade han honom ingen aggression.

Buck nunca provocó a Spitz y mantuvo sus acciones moderadas.

Buck provocerade aldrig Spitz och höll sina handlingar återhållsamma.

Spitz, por otro lado, percibió el creciente peligro en Buck.

Spitz, å andra sidan, anade den växande faran hos Buck.

Él veía a Buck como una amenaza y un serio desafío a su poder.

Han såg Buck som ett hot och en allvarlig utmaning mot sin makt.

Aprovechó cada oportunidad para gruñir y mostrar sus afilados dientes.

Han använde varje tillfälle att morra och visa sina vassa tänder.

Estaba tratando de iniciar la pelea mortal que estaba por venir.

Han försökte starta den dödliga strid som måste komma.

Al principio del viaje casi se desató una pelea entre ellos.

Tidigt under resan höll det på att utbryta ett bråk mellan dem.

Pero un accidente inesperado detuvo la pelea.

Men en oväntad olycka stoppade bråket.

Esa tarde acamparon en el gélido lago Le Barge.

Den kvällen slog de läger vid den bitande kalla sjön Le Barge.

La nieve caía con fuerza y el viento cortaba como un cuchillo.

Snön föll hårt och vinden skar som en kniv.

La noche había llegado demasiado rápido y la oscuridad los rodeaba.

Natten kom alltför fort, och mörkret omgav dem.

Difícilmente podrían haber elegido un peor lugar para descansar.

De kunde knappast ha valt en sämre plats för vila.

Los perros buscaban desesperadamente un lugar donde tumbarse.
Hundarna letade desperat efter en plats att ligga ner på.
Detrás del pequeño grupo se alzaba una alta pared de roca.
En hög klippvägg reste sig brant bakom den lilla gruppen.
La tienda de campaña había sido abandonada en Dyea para aligerar la carga.
Tältet hade lämnats kvar i Dyea för att lätta bördan.
No les quedó más remedio que hacer el fuego sobre el propio hielo.
De hade inget annat val än att göra upp elden på själva isen.
Extendieron sus batas para dormir directamente sobre el lago helado.
De bredde ut sina sovkläder direkt på den frusna sjön.
Unos cuantos palitos de madera flotante les dieron un poco de fuego.
Några drivvedskivlingar gav dem lite eld.
Pero el fuego se construyó sobre el hielo y se descongeló a través de él.
Men elden byggdes upp på isen och tinade upp genom den.
Al final, estaban comiendo su cena en la oscuridad.
Till slut åt de sin kvällsmat i mörkret.
Buck se acurrucó junto a la roca, protegido del viento frío.
Buck kröp ihop sig bredvid stenen, skyddad från den kalla vinden.
El lugar era tan cálido y seguro que Buck odiaba mudarse.
Platsen var så varm och trygg att Buck hatade att flytta därifrån.
Pero François había calentado el pescado y estaba repartiendo raciones.
Men François hade värmt fisken och delade ut ransoner.
Buck terminó de comer rápidamente y regresó a su cama.
Buck åt snabbt färdigt och återvände till sin säng.
Pero Spitz ahora estaba acostado donde Buck había hecho su cama.
Men Spitz låg nu där Buck hade bäddat sin säng.

Un gruñido bajo advirtió a Buck que Spitz se negaba a moverse.

Ett lågt morrande varnade Buck för att Spitz vägrade röra sig.

Hasta ahora, Buck había evitado esta pelea con Spitz.

Fram till nu hade Buck undvikit denna strid med Spitz.

Pero en lo más profundo de Buck la bestia finalmente se liberó.

Men djupt inne i Buck bröt odjuret slutligen lös.

El robo de su lugar para dormir era algo demasiado difícil de tolerar.

Stölden av hans sovplats var för mycket att tolerera.

Buck se lanzó hacia Spitz, lleno de ira y rabia.

Buck kastade sig mot Spitz, full av ilska och raseri.

Hasta ahora Spitz había pensado que Buck era sólo un perro grande.

Fram tills nu hade Spitz trott att Buck bara var en stor hund.

No creía que Buck hubiera sobrevivido a través de su espíritu.

Han trodde inte att Buck hade överlevt genom sin ande.

Esperaba miedo y cobardía, no furia y venganza.

Han förväntade sig rädsla och feghet, inte raseri och hämnd.

François se quedó mirando mientras los dos perros salían del nido en ruinas.

François stirrade medan båda hundarna bröt ut ur det förstörda boet.

Comprendió de inmediato lo que había iniciado la salvaje lucha.

Han förstod genast vad som hade startat den vilda kampen.

—¡Ah! —gritó François en apoyo del perro marrón.

"Aa-ah!" ropade François till stöd för den bruna hunden.

¡Dale una paliza! ¡Por Dios, castiga a ese ladrón astuto!

"Ge honom stryk! Vid Gud, straffa den där lömska tjuven!"

Spitz mostró la misma disposición y un entusiasmo salvaje por luchar.

Spitz visade lika stor beredskap som vild iver att slåss.

Gritó de rabia mientras giraba rápidamente en busca de una abertura.

Han skrek ut i raseri medan han cirklade snabbt och sökte en öppning.

Buck mostró el mismo hambre de luchar y la misma cautela.

Buck visade samma kampvilja och samma försiktighet.

También rodeó a su oponente, intentando obtener la ventaja en la batalla.

Han cirkulerade också runt sin motståndare och försökte få övertaget i striden.

Entonces sucedió algo inesperado y lo cambió todo.

Sedan hände något oväntat och förändrade allt.

Ese momento retrasó la eventual lucha por el liderazgo.

Det ögonblicket försenade den slutliga kampen om ledarskapet.

Muchos kilómetros de camino y lucha aún nos esperaban antes del final.

Många mil av vandring och kamp väntade fortfarande innan slutet.

Perrault gritó un juramento cuando un garrote impactó contra el hueso.

Perrault ropade en ed medan en klubba slog mot ett ben.

Se escuchó un agudo grito de dolor y luego el caos explotó por todas partes.

Ett skarpt smärtskrik följde, sedan exploderade kaos runt omkring.

En el campamento se movían figuras oscuras: perros esquimales salvajes, hambrientos y feroces.

Mörka skepnader rörde sig i lägret; vilda huskyr, utsvultna och vildsinta.

Cuatro o cinco docenas de perros esquimales habían olfateado el campamento desde lejos.

Fyra eller fem dussin huskyhundar hade nosat på lägret på avstånd.

Se habían colado sigilosamente mientras los dos perros peleaban cerca.

De hade smugit sig in tyst medan de två hundarna slogs i närheten.

François y Perrault atacaron con garrotes a los invasores.

François och Perrault anföll och svingade klubbor mot inkräktarna.

Los perros esquimales hambrientos mostraron los dientes y contraatacaron frenéticamente.

De svältande huskydjuren visade tänder och kämpade tillbaka i frenesi.

El olor a carne y a pan les había hecho perder todo miedo.

Lukten av kött och bröd hade drivit dem över all rädsla.

Perrault golpeó a un perro que había enterrado su cabeza en el cajón de comida.

Perrault slog en hund som hade begravt sitt huvud i matlådan.

El golpe fue muy fuerte y la caja se volcó, derramándose comida.

Slaget träffade hårt, lådan välte och mat rann ut.

En cuestión de segundos, una veintena de bestias salvajes destrozaron el pan y la carne.

På några sekunder slet ett tjugotal vilda djur sig in i brödet och köttet.

Los garrotes de los hombres asestaron golpe tras golpe, pero ningún perro se apartó.

Herrklubbarna landade slag efter slag, men ingen hund vände sig bort.

Aullaron de dolor, pero lucharon hasta que no quedó comida.

De ylade av smärta, men kämpade tills ingen mat fanns kvar.

Mientras tanto, los perros de trineo habían saltado de sus camas nevadas.

Under tiden hade slädhundarna hoppat ur sina snötäckta sängar.

Fueron atacados instantáneamente por los feroces y hambrientos huskies.

De blev omedelbart attackerade av de grymma hungriga huskiesna.

Buck nunca había visto criaturas tan salvajes y hambrientas antes.

Buck hade aldrig sett så vilda och svältande varelser förut.

Su piel colgaba suelta, ocultando apenas sus esqueletos.

Deras hud hängde löst och dolde knappt deras skelett.

Había un fuego en sus ojos, de hambre y locura.

Det brann en eld i deras ögon, av hunger och galenskap

No había manera de detenerlos, de resistirse a su ataque salvaje.

Det fanns inget att stoppa dem; inget kunde göra motstånd mot deras vilda anstormning.

Los perros de trineo fueron empujados hacia atrás y presionados contra la pared del acantilado.

Slädhundarna knuffades tillbaka, pressade mot klippväggen.

Tres perros esquimales atacaron a Buck a la vez, desgarrando su carne.

Tre huskyr attackerade Buck samtidigt och slet sönder hans kött.

La sangre le brotaba de la cabeza y de los hombros, donde había recibido el corte.

Blod strömmade från hans huvud och axlar, där han hade blivit skärrad.

El ruido llenó el campamento: gruñidos, aullidos y gritos de dolor.

Oljudet fyllde lägret; morrande, skrik och smärtskrik.

Billee gritó fuerte, como siempre, atrapada en la pelea y el pánico.

Billee grät högt, som vanligt, fångad i striden och paniken.

Dave y Solleks estaban uno al lado del otro, sangrando pero desafiantes.

Dave och Solleks stod sida vid sida, blödande men trotsiga.

Joe peleó como un demonio, mordiendo todo lo que se acercaba.

Joe kämpade som en demon och bet allt som kom i närheten.

Aplastó la pata de un husky con un brutal chasquido de sus mandíbulas.

Han krossade en huskys ben med ett brutalt knäpp med käftarna.

Pike saltó sobre el husky herido y le rompió el cuello instantáneamente.

Gäddan hoppade upp på den sårade huskyn och bröt nacken direkt.

Buck agarró a un husky por el cuello y le arrancó la vena.

Buck tog tag i halsen på en husky och slet igenom venen.

La sangre salpicó y el sabor cálido llevó a Buck al frenesí.

Blod sprutade, och den varma smaken gjorde Buck rasande.

Se abalanzó sobre otro atacante sin dudarlo.

Han kastade sig utan att tveka över en annan angripare.

En ese mismo momento, unos dientes afilados se clavaron en la garganta de Buck.

I samma ögonblick borrade sig vassa tänder in i Bucks egen hals.

Spitz había atacado desde un costado, sin previo aviso.

Spitz hade slagit till från sidan och attackerat utan förvarning.

Perrault y François habían derrotado a los perros robando la comida.

Perrault och François hade besegrat hundarna som stal maten.

Ahora se apresuraron a ayudar a sus perros a luchar contra los atacantes.

Nu skyndade de sig för att hjälpa sina hundar att slå tillbaka angriparna.

Los perros hambrientos se retiraron mientras los hombres blandían sus garrotes.

De svältande hundarna drog sig tillbaka medan männen svingade sina klubbor.

Buck se liberó del ataque, pero el escape fue breve.

Buck slet sig loss från attacken, men flykten blev kort.

Los hombres corrieron a salvar a sus perros, y los huskies volvieron a atacarlos.

Männen sprang för att rädda sina hundar, och huskyhundarna svärmade igen.

Billee, aterrorizado y valiente, saltó hacia la jauría de perros.

Billee, skrämd till mod, hoppade in i hundflocken.

Pero luego huyó a través del hielo, presa del terror y el pánico.

Men sedan flydde han över isen, i rå skräck och panik.

Pike y Dub los siguieron de cerca, corriendo para salvar sus vidas.
Pike och Dub följde tätt efter och flydde för sina liv.

El resto del equipo se separó y se dispersó, siguiéndolos.
Resten av laget splittrades och följde efter dem.

Buck reunió sus fuerzas para correr, pero entonces vio un destello.
Buck samlade krafter för att springa, men såg sedan en blixt.

Spitz se abalanzó sobre el costado de Buck, intentando derribarlo al suelo.
Spitz kastade sig mot Bucks sida och försökte slå ner honom på marken.

Bajo esa turba de perros esquimales, Buck no habría tenido escapatoria.
Under den där mobben av huskydjur skulle Buck inte ha haft någon flyktväg.

Pero Buck se mantuvo firme y se preparó para el golpe de Spitz.
Men Buck stod fast och förberedde sig på slaget från Spitz.

Luego se dio la vuelta y salió corriendo al hielo con el equipo que huía.
Sedan vände han sig om och sprang ut på isen med det flyende teamet.

Más tarde, los nueve perros de trineo se reunieron al abrigo del bosque.
Senare samlades de nio slädhundarna i lä av skogen.

Ya nadie los perseguía, pero estaban maltratados y heridos.
Ingen jagade dem längre, men de blev misshandlade och sårade.

Cada perro tenía heridas: cuatro o cinco cortes profundos en cada cuerpo.
Varje hund hade sår; fyra eller fem djupa skärsår på varje kropp.

Dub tenía una pata trasera herida y ahora le costaba caminar.
Dub hade ett skadat bakben och hade svårt att gå nu.

Dolly, la perrita más nueva de Dyea, tenía la garganta cortada.

Dolly, den nyaste hunden från Dyea, hade en avskuren hals.

Joe había perdido un ojo y la oreja de Billee estaba cortada en pedazos.

Joe hade förlorat ett öga, och Billees öra var skuret i bitar.

Todos los perros lloraron de dolor y derrota durante toda la noche.

Alla hundarna grät av smärta och nederlag genom natten.

Al amanecer regresaron al campamento doloridos y destrozados.

I gryningen smög de tillbaka till lägret, ömma och trasiga.

Los perros esquimales habían desaparecido, pero el daño ya estaba hecho.

Huskiesna hade försvunnit, men skadan var skedd.

Perrault y François estaban de mal humor ante las ruinas.

Perrault och François stodo på dåligt humör över ruinen.

La mitad de la comida había desaparecido, robada por los ladrones hambrientos.

Hälften av maten var borta, ryckt av de hungriga tjuvarna.

Los perros esquimales habían destrozado las ataduras y la lona del trineo.

Huskiesna hade slitit sig igenom pulkabindningar och presenningsduk.

Todo lo que tenía olor a comida había sido devorado por completo.

Allt som luktade mat hade slukats fullständigt.

Se comieron un par de botas de viaje de piel de alce de Perrault.

De åt ett par av Perraults resstövlar av älgskinn.

Masticaban correas de cuero y arruinaban las correas hasta dejarlas inservibles.

De tuggade på läderreiar och förstörde remmar som inte kunde användas.

François dejó de mirar el látigo roto para revisar a los perros.

François slutade stirra på den avslitna piskfransen för att kontrollera hundarna.

—Ah, amigos míos —dijo en voz baja y llena de preocupación.

"Åh, mina vänner", sa han med låg röst och fylld av oro.

"Tal vez todas estas mordeduras os conviertan en bestias locas."

"Kanske alla dessa bett förvandlar er till galna bestar."

—¡Quizás todos sean perros rabiosos, sacredam! ¿Qué opinas, Perrault?

"Kanske alla galna hundar, min helige! Vad tycker du, Perrault?"

Perrault meneó la cabeza; sus ojos estaban oscuros por la preocupación y el miedo.

Perrault skakade på huvudet, ögonen mörka av oro och rädsla.

Todavía había cuatrocientas millas entre ellos y Dawson.

Fyra hundra mil låg fortfarande mellan dem och Dawson.

La locura canina ahora podría destruir cualquier posibilidad de supervivencia.

Hundgalenskap kan nu förstöra alla chanser till överlevnad.

Pasaron dos horas maldiciendo y tratando de arreglar el engranaje.

De tillbringade två timmar med att svora och försöka laga utrustningen.

El equipo herido finalmente abandonó el campamento, destrozado y derrotado.

Det sårade laget lämnade slutligen lägret, brutet och besegrat.

Éste fue el camino más difícil hasta ahora y cada paso era doloroso.

Detta var den svåraste leden hittills, och varje steg var smärtsamt.

El río Treinta Millas no se había congelado y su caudal corría con fuerza.

Thirty Mile-floden hade inte frusit och forsade vilt.

Sólo en los lugares tranquilos y en los remolinos el hielo logró retenerse.

Endast på lugna platser och virvlande virvlar lyckades isen hålla sig fast.

Pasaron seis días de duro trabajo hasta recorrer las treinta millas.

Sex dagar av hårt arbete förflöt innan de trettio milen var avklarade.

Cada kilómetro del camino traía consigo peligro y amenaza de muerte.

Varje kilometer av leden medförde fara och hot om död.

Los hombres y los perros arriesgaban sus vidas con cada doloroso paso.

Männen och hundarna riskerade sina liv med varje smärtsamt steg.

Perrault rompió delgados puentes de hielo una docena de veces diferentes.

Perrault bröt igenom tunna isbroar ett dussin olika gånger.

Llevó un palo y lo dejó caer sobre el agujero que había hecho su cuerpo.

Han bar en stång och lät den falla tvärs över hålet hans kropp gjorde.

Más de una vez ese palo salvó a Perrault de ahogarse.

Mer än en gång räddade den där stången Perrault från att drunkna.

La ola de frío se mantuvo firme y el aire estaba a cincuenta grados bajo cero.

Köldknäppen höll i sig, luften var femtio minusgrader.

Cada vez que se caía, Perrault tenía que encender un fuego para sobrevivir.

Varje gång han ramlade i var Perrault tvungen att tända en eld för att överleva.

La ropa mojada se congelaba rápidamente, por lo que la secaba cerca del calor abrasador.

Våta kläder frös snabbt, så han torkade dem nära brännande hetta.

Ningún miedo afectó jamás a Perrault, y eso lo convirtió en mensajero.

Perrault kände aldrig någon fruktan, och det gjorde honom till kurir.

Fue elegido para el peligro y lo afrontó con tranquila resolución.

Han valdes för faran, och han mötte den med stillsam beslutsamhet.

Avanzó contra el viento, con el rostro arrugado y congelado.

Han pressade sig fram mot vinden, hans skrumpna ansikte frostbitet.

Desde el amanecer hasta el anochecer, Perrault los condujo hacia adelante.

Från svag gryning till skymning ledde Perrault dem framåt.

Caminó sobre un estrecho borde de hielo que se agrietaba con cada paso.

Han gick på smal iskant som sprack för varje steg.

No se atrevieron a detenerse: cada pausa suponía el riesgo de un colapso mortal.

De vågade inte stanna – varje paus riskerade en dödlig kollaps.

Una vez, el trineo se abrió paso y arrastró a Dave y Buck.

En gång bröt släden igenom och drog in Dave och Buck.

Cuando los liberaron, ambos estaban casi congelados.

När de släpades fria var båda nästan frusna.

Los hombres hicieron un fuego rápidamente para mantener con vida a Buck y Dave.

Männen gjorde snabbt upp en eld för att hålla Buck och Dave vid liv.

Los perros estaban cubiertos de hielo desde la nariz hasta la cola, rígidos como madera tallada.

Hundarna var täckta av is från nos till svans, styva som snidat trä.

Los hombres los hicieron correr en círculos cerca del fuego para descongelar sus cuerpos.

Männen sprang dem i cirklar nära elden för att tina upp deras kroppar.

Se acercaron tanto a las llamas que su pelaje se quemó.

De kom så nära lågorna att deras päls brändes.

Luego Spitz rompió el hielo y arrastró al equipo detrás de él.

Spitz bröt sig sedan igenom isen och släpade in spannet efter sig.

La ruptura llegó hasta donde Buck estaba tirando.

Brotten nådde hela vägen upp till där Buck drog.

Buck se reclinó con fuerza hacia atrás, sus patas resbalaron y temblaron en el borde.

Buck lutade sig hårt bakåt, tassarna halkade och darrade på kanten.

Dave también se esforzó hacia atrás, justo detrás de Buck en la línea.

Dave spände sig också bakåt, precis bakom Buck på linjen.

François tiró del trineo; sus músculos crujían por el esfuerzo.

François släpade på släden, hans muskler sprack av ansträngning.

En otra ocasión, el borde del hielo se agrietó delante y detrás del trineo.

En annan gång sprack isen på kanten framför och bakom släden.

No tenían otra salida que escalar una pared del acantilado congelado.

De hade ingen utväg förutom att klättra uppför en frusen klippvägg.

De alguna manera Perrault logró escalar el muro; un milagro lo mantuvo con vida.

Perrault klättrade på något sätt uppför väggen; ett mirakel höll honom vid liv.

François se quedó abajo, rezando por tener la misma suerte.

François stannade kvar nedanför och bad om samma slags tur.

Ataron todas las correas, amarres y tirantes hasta formar una cuerda larga.

De knöt ihop varje rem, surrning och skena till ett enda långt rep.

Los hombres subieron cada perro, uno a uno, hasta la cima.

Männen släpade upp varje hund, en i taget, till toppen.

François subió el último, después del trineo y toda la carga.

François klättrade sist, efter släden och hela lasten.

Entonces comenzó una larga búsqueda de un camino para bajar de los acantilados.

Sedan började ett långt sökande efter en stig ner från klipporna.

Finalmente descendieron usando la misma cuerda que habían hecho.

Till slut kom de ner med samma rep som de hade gjort.

La noche cayó cuando regresaron al lecho del río, exhaustos y doloridos.

Natten föll när de återvände till flodbädden, utmattade och ömma.

El día completo les había proporcionado sólo un cuarto de milla de ganancia.

De hade tagit en hel dag på sig att bara tillryggalägga en kvarts mil.

Cuando llegaron a Hootalinqua, Buck estaba agotado.

När de nådde Hootalinqua var Buck utmattad.

Los demás perros sufrieron igual de mal las condiciones del sendero.

De andra hundarna led lika illa av förhållandena på stigen.

Pero Perrault necesitaba recuperar tiempo y los presionaba cada día.

Men Perrault behövde återhämta sig tid och pressade dem på varje dag.

El primer día viajaron treinta millas hasta Big Salmon.

Den första dagen reste de trettio mil till Big Salmon.

Al día siguiente viajaron treinta y cinco millas hasta Little Salmon.

Nästa dag reste de trettiofem mil till Little Salmon.

Al tercer día avanzaron a través de cuarenta largas y heladas millas.

På tredje dagen färdades de igenom fyrtio långa frusna mil.

Para entonces, se estaban acercando al asentamiento de Five Fingers.

Vid det laget närmade de sig bosättningen Five Fingers.

Los pies de Buck eran más suaves que los duros pies de los huskies nativos.

Bucks fötter var mjukare än de hårda fötterna hos inhemska huskies.

Sus patas se habían vuelto tiernas a lo largo de muchas generaciones civilizadas.

Hans tassar hade blivit möra under många civiliserade generationer.

Hace mucho tiempo, sus antepasados habían sido domesticados por hombres del río o cazadores.

För länge sedan hade hans förfäder tämjts av flodmän eller jägare.

Todos los días Buck cojeaba de dolor, caminando sobre sus patas doloridas y en carne viva.

Varje dag haltade Buck av smärta och gick på råa, värkande tassar.

En el campamento, Buck cayó como un cuerpo sin vida sobre la nieve.

I lägret föll Buck ner som en livlös skepnad på snön.

Aunque estaba hambriento, Buck no se levantó a comer su cena.

Fastän Buck var utsvulten, steg han inte upp för att äta sitt kvällsmål.

François le trajo a Buck su ración, poniendo pescado junto a su hocico.

François gav Buck sin ranson och lade fisk vid nosen.

Cada noche, el conductor frotaba los pies de Buck durante media hora.

Varje kväll gnuggade kusken Bucks fötter i en halvtimme.

François incluso cortó sus propios mocasines para hacer calzado para perros.

François skar till och med upp sina egna mockasiner för att göra hundskor.

Cuatro zapatos cálidos le dieron a Buck un gran y bienvenido alivio.

Fyra varma skor gav Buck en stor och välkommen lättnad.

Una mañana, François olvidó los zapatos y Buck se negó a levantarse.

En morgon glömde François skorna, och Buck vägrade att resa sig.

Buck yacía de espaldas, con los pies en el aire, agitándolos lastimeramente.

Buck låg på rygg med fötterna i vädret och viftade ynkligt med dem.

Incluso Perrault sonrió al ver la dramática súplica de Buck.

Till och med Perrault flinade vid åsynen av Bucks dramatiska vädjan.

Pronto los pies de Buck se endurecieron y los zapatos pudieron desecharse.

Snart blev Bucks fötter hårda, och skorna kunde slängas.

En Pelly, durante el periodo de uso del arnés, Dolly emitió un aullido terrible.

Vid Pelly, under seletiden, gav Dolly ifrån sig ett fruktansvärt ylande.

El grito fue largo y lleno de locura, sacudiendo a todos los perros.

Ropet var långt och fyllt av galenskap och skakade varje hund.

Cada perro se erizaba de miedo sin saber el motivo.

Varje hund rystede av rädsla utan att veta orsaken.

Dolly se volvió loca y se arrojó directamente hacia Buck.

Dolly hade blivit galen och kastat sig rakt på Buck.

Buck nunca había visto la locura, pero el horror llenó su corazón.

Buck hade aldrig sett galenskap, men fasa fyllde hans hjärta.

Sin pensarlo, se dio la vuelta y huyó presa del pánico absoluto.

Utan att tänka på det vände han sig om och flydde i ren panik.

Dolly lo persiguió con los ojos desorbitados y la saliva saliendo de sus mandíbulas.

Dolly jagade honom, hennes blick var vilda, och saliv flög från hennes käkar.

Ella se mantuvo justo detrás de Buck, sin ganar terreno ni quedarse atrás.

Hon höll sig tätt bakom Buck, utan att komma ikapp och utan att backa.

Buck corrió a través del bosque, bajó por la isla y cruzó el hielo irregular.

Buck sprang genom skogen, nerför ön, över ojämn is.

Cruzó hacia una isla, luego hacia otra, dando la vuelta nuevamente hasta el río.

Han gick över till en ö, sedan en annan, och gick sedan tillbaka till floden.

Aún así Dolly lo persiguió, con su gruñido detrás de cada paso.

Dolly jagade honom fortfarande, morrande tätt bakom vid varje steg.

Buck podía oír su respiración y su rabia, aunque no se atrevía a mirar atrás.

Buck kunde höra hennes andetag och raseri, fast han vågade inte se sig om.

François gritó desde lejos y Buck se giró hacia la voz.

ropade François på avstånd, och Buck vände sig mot rösten.

Todavía jadeando en busca de aire, Buck pasó corriendo, poniendo toda su esperanza en François.

Fortfarande kippande efter luft sprang Buck förbi och satte allt hopp till François.

El conductor del perro levantó un hacha y esperó mientras Buck pasaba volando.

Hundföraren höjde en yxa och väntade medan Buck flög förbi.

El hacha cayó rápidamente y golpeó la cabeza de Dolly con una fuerza mortal.

Yxan föll ner snabbt och träffade Dollys huvud med dödlig kraft.

Buck se desplomó cerca del trineo, jadeando e incapaz de moverse.

Buck kollapsade nära släden, väsande andning och oförmögen att röra sig.

Ese momento le dio a Spitz la oportunidad de golpear a un enemigo exhausto.

Det ögonblicket gav Spitz hans chans att slå till mot en utmattad motståndare.

Mordió a Buck dos veces, desgarrando la carne hasta el hueso blanco.

Två gånger bet han Buck och slet ända ner till det vita benet.

El látigo de François hizo chasquear el látigo y golpeó a Spitz con toda su fuerza y furia.

François piska knäcktes och träffade Spitz med full, rasande kraft.

Buck observó con alegría cómo Spitz recibía la paliza más dura que había recibido hasta entonces.

Buck såg med glädje på när Spitz fick sin hårdaste stryk hittills.

"Es un demonio ese Spitz", murmuró Perrault para sí mismo.

"Han är en djävul, den där Spitzen", mumlade Perrault dystert för sig själv.

"Algún día, ese maldito perro matará a Buck, lo juro".

"Snart kommer den där förbannade hunden att döda Buck – jag lovar."

—Ese Buck tiene dos demonios dentro —respondió François asintiendo.

"Den där Buck har två djävlar i sig", svarade François med en nick.

"Cuando veo a Buck, sé que algo feroz le aguarda dentro".

"När jag ser Buck vet jag att något vildsint väntar inom honom."

"Un día se pondrá furioso y destrozará a Spitz".

"En dag blir han galen som eld och sliter Spitz i bitar."

"Masticará a ese perro y lo escupirá en la nieve congelada".

"Han kommer att tugga sönder hunden och spotta honom på den frusna snön."

"Estoy seguro de que lo sé en lo más profundo de mi ser".

"Javisst, det här vet jag innerst inne."

A partir de ese momento los dos perros quedaron en guerra.

Från det ögonblicket och framåt var de två hundarna instängda i krig.

Spitz lideró al equipo y mantuvo el poder, pero Buck lo desafió.

Spitz ledde laget och hade makten, men Buck ifrågasatte det.

Spitz vio su rango amenazado por este extraño extraño de Southland.

Spitz såg sin rang hotad av denne märklige främling från Sydlandet.

Buck no se parecía a ningún otro perro sureño que Spitz hubiera conocido antes.

Buck var olik alla andra sydstatshundar som Spitz hade känt till tidigare.

La mayoría de ellos fracasaron: eran demasiado débiles para sobrevivir al frío y al hambre.

De flesta av dem misslyckades – för svaga för att överleva kyla och hunger.

Murieron rápidamente bajo el trabajo, las heladas y el lento ardor del hambre.

De dog snabbt under arbete, frost och hungersnödens långsamma brinnande.

Buck se destacó: cada día más fuerte, más inteligente y más salvaje.

Buck stack ut – starkare, smartare och vildare för varje dag.

Prosperó a pesar de las dificultades y creció hasta alcanzar el nivel de los perros esquimales del norte.

Han trivdes i svårigheter och växte upp för att matcha de norra huskiesna.

Buck tenía fuerza, habilidad salvaje y un instinto paciente y mortal.

Buck hade styrka, vild skicklighet och en tålmodig, dödlig instinkt.

El hombre con el garrote había golpeado la temeridad de Buck.

Mannen med klubban hade slagit ur Buck den obetänksamma förhastighet.

La furia ciega desapareció y fue reemplazada por una astucia silenciosa y control.

Blind ilska var borta, ersatt av tyst slughet och kontroll.

Esperó, tranquilo y primario, observando el momento adecuado.

Han väntade, lugn och primal, och väntade på rätt ögonblick.

Su lucha por el mando se hizo inevitable y clara.

Deras kamp om befälet blev oundviklig och tydlig.

Buck deseaba el liderazgo porque su espíritu lo exigía.

Buck önskade ledarskap eftersom hans anda krävde det.

Lo impulsaba el extraño orgullo nacido del camino y del arnés.

Han drevs av den säregna stoltheten som föddes ur stig och sele.

Ese orgullo hizo que los perros tiraran hasta caer sobre la nieve.

Den stoltheten fick hundar att dra tills de kollapsade i snön.

El orgullo los llevó a dar toda la fuerza que tenían.

Stolthet lockade dem att ge all den styrka de hade.

El orgullo puede atraer a un perro de trineo incluso hasta el punto de la muerte.

Stolthet kan locka en slädhund ända till döden.

La pérdida del arnés dejó a los perros rotos y sin propósito.

Att tappa selen lämnade hundarna trasiga och utan syfte.

El corazón de un perro de trineo puede quedar aplastado por la vergüenza cuando se retira.

En slädhunds hjärta kan krossas av skam när den går i pension.

Dave vivió con ese orgullo mientras arrastraba el trineo desde atrás.

Dave levde efter den stoltheten medan han släpade släden bakifrån.

Solleks también lo dio todo con fuerza y lealtad.

Även Solleks gav allt med dyster styrka och lojalitet.

Cada mañana, el orgullo los transformaba de amargados a decididos.

Varje morgon förvandlade stoltheten dem från bittra till beslutsamma.

Empujaron todo el día y luego se quedaron en silencio al final del campamento.

De pressade på hela dagen, sedan tystnade de vid slutet av lägret.

Ese orgullo le dio a Spitz la fuerza para poner a raya a los evasores.

Den stoltheten gav Spitz styrkan att före smygarna in i kön.

Spitz temía a Buck porque Buck tenía ese mismo orgullo profundo.

Spitz fruktade Buck eftersom Buck bar samma djupa stolthet.

El orgullo de Buck ahora se agitó contra Spitz, y no se detuvo.

Bucks stolthet rörde sig nu mot Spitz, och han stannade inte.

Buck desafió el poder de Spitz y le impidió castigar a los perros.

Buck trotsade Spitz makt och hindrade honom från att straffa hundar.

Cuando otros fallaron, Buck se interpuso entre ellos y su líder.

När andra misslyckades, ställde Buck sig mellan dem och deras ledare.

Lo hizo con intención, dejando claro y abierto su desafío.

Han gjorde detta med avsikt och gjorde sin utmaning öppen och tydlig.

Una noche, una fuerte nevada cubrió el mundo con un profundo silencio.

En natt täckte tung snö världen i djup tystnad.

A la mañana siguiente, Pike, perezoso como siempre, no se levantó para ir a trabajar.

Nästa morgon gick Pike, lat som alltid, inte upp för att arbeta.

Se quedó escondido en su nido bajo una gruesa capa de nieve.

Han höll sig gömd i sitt bo under ett tjockt lager snö.

François gritó y buscó, pero no pudo encontrar al perro.

François ropade och letade, men kunde inte hitta hunden.

Spitz se puso furioso y atravesó furioso el campamento cubierto de nieve.

Spitz blev rasande och stormade genom det snötäckta lägret.

Gruñó y olfateó, cavando frenéticamente con ojos llameantes.

Han morrade och snörvlade, grävde vilt med flammande ögon.

Su rabia era tan feroz que Pike tembló de miedo bajo la nieve.

Hans raseri var så våldsamt att Pike skakade under snön av skräck.

Cuando finalmente encontraron a Pike, Spitz se abalanzó sobre él para castigar al perro que estaba escondido.

När Pike äntligen hittades, kastade Spitz sig ut för att straffa den gömda hunden.

Pero Buck saltó entre ellos con una furia igual a la de Spitz.

Men Buck sprang emellan dem med en raseri lika med Spitz egen.

El ataque fue tan repentino e inteligente que Spitz cayó al suelo.

Attacken var så plötslig och listig att Spitz föll av fötterna.

Pike, que estaba temblando, se animó ante este desafío.

Pike, som hade skakat, hämtade mod från detta trots.

Saltó sobre el Spitz caído, siguiendo el audaz ejemplo de Buck.

Han hoppade upp på den fallna Spitzen och följde Bucks djärva exempel.

Buck, que ya no estaba obligado por la justicia, se unió a la huelga de Spitz.

Buck, inte längre bunden av rättvisa, anslöt sig till strejken mot Spitz.

François, divertido pero firme en su disciplina, blandió su pesado látigo.

François, road men bestämd i sin disciplin, svingade sin tunga piskslag.

Golpeó a Buck con todas sus fuerzas para acabar con la pelea.

Han slog Buck med all sin kraft för att avbryta striden.

Buck se negó a moverse y se quedó encima del líder caído.

Buck vägrade att röra sig och stannade kvar ovanpå den fallna ledaren.

François entonces utilizó el mango del látigo y golpeó con fuerza a Buck.

François använde sedan piskan och slog Buck hårt.

Tambaleándose por el golpe, Buck cayó hacia atrás bajo el asalto.

Vacklande av slaget föll Buck bakåt under attacken.

François golpeó una y otra vez mientras Spitz castigaba a Pike.

François slog till om och om igen medan Spitz straffade Pike.

Pasaron los días y Dawson City estaba cada vez más cerca.

Dagarna gick, och Dawson City kom närmare och närmare.

Buck seguía interfiriendo, interponiéndose entre Spitz y otros perros.

Buck fortsatte att lägga sig i och gled mellan Spitz och de andra hundarna.

Elegía bien sus momentos, esperando siempre que François se marchase.

Han valde sina ögonblick väl och väntade alltid på att François skulle gå.

La rebelión silenciosa de Buck se extendió y el desorden se arraigó en el equipo.

Bucks tysta uppror spred sig, och oordning slog rot i laget.

Dave y Solleks se mantuvieron leales, pero otros se volvieron rebeldes.

Dave och Solleks förblev lojala, men andra blev ostyriga.

El equipo empeoró: se volvió inquieto, pendenciero y fuera de lugar.

Laget blev värre – rastlöst, grälsjukt och ur led.

Ya nada funcionaba con fluidez y las peleas se volvieron algo habitual.

Ingenting fungerade längre smidigt, och slagsmål blev vanliga.

Buck permaneció en el corazón del problema, provocando siempre malestar.

Buck stannade i kärnan av oroligheterna och provocerade ständigt fram oroligheter.

François se mantuvo alerta, temeroso de la pelea entre Buck y Spitz.

François förblev vaken, rädd för slagsmålet mellan Buck och Spitz.

Cada noche, las peleas lo despertaban, temiendo que finalmente llegara el comienzo.

Varje natt väckte han bråk, av rädsla för att början äntligen var inne.

Saltó de su túnica, dispuesto a detener la pelea.

Han hoppade av sin mantel, redo att avbryta striden.

Pero el momento nunca llegó y finalmente llegaron a Dawson.

Men ögonblicket kom aldrig, och de nådde äntligen Dawson.

El equipo entró en la ciudad una tarde sombría, tensa y silenciosa.

Teamet kom in i staden en dyster eftermiddag, spänt och tyst.

La gran batalla por el liderazgo todavía estaba suspendida en el aire.

Den stora striden om ledarskapet hängde fortfarande i den frusna luften.

Dawson estaba lleno de hombres y perros de trineo, todos ocupados con el trabajo.

Dawson var full av män och slädhundar, alla upptagna med arbete.

Buck observó a los perros tirar cargas desde la mañana hasta la noche.

Buck såg hundarna dra lass från morgon till kväll.

Transportaban troncos y leña y transportaban suministros a las minas.

De transporterade stockar och ved och fraktade förnödenheter till gruvorna.

Donde antes trabajaban los caballos en las tierras del sur, ahora trabajaban los perros.

Där hästar en gång arbetade i Southland, arbetade nu hundar.

Buck vio algunos perros del sur, pero la mayoría eran huskies parecidos a lobos.

Buck såg några hundar från södern, men de flesta var varglika huskyer.

Por la noche, como un reloj, los perros alzaban sus voces cantando.

På natten, som ett urverk, höjde hundarna sina röster i sång.

A las nueve, a las doce y de nuevo a las tres, empezó el canto.

Klockan nio, vid midnatt och återigen klockan tre började sången.

A Buck le encantaba unirse a su canto misterioso, de sonido salvaje y antiguo.

Buck älskade att sällskapa till deras kusliga sång, vild och uråldrig i klangen.

La aurora llameó, las estrellas bailaron y la nieve cubrió la tierra.

Norrskenet flammade, stjärnorna dansade och snö täckte landet.

El canto de los perros se elevó como un grito contra el silencio y el frío intenso.

Hundarnas sång höjdes som ett rop mot tystnaden och den bittra kylan.

Pero su aullido contenía tristeza, no desafío, en cada larga nota.

Men deras ylande rymde sorg, inte trots, i varje lång ton.

Cada grito lamentable estaba lleno de súplica: el peso de la vida misma.

Varje klagan var fullt av vädjan; själva livets börda.

Esa canción era vieja, más vieja que las ciudades y más vieja que los incendios.

Den sången var gammal – äldre än städer och äldre än bränder

Aquella canción era más antigua incluso que las voces de los hombres.

Den sången var äldre än till och med människors röster.

Era una canción del mundo joven, cuando todas las canciones eran tristes.

Det var en sång från den unga världen, när alla sånger var sorgliga.

La canción transportaba el dolor de incontables generaciones de perros.

Sången bar med sig sorg från otaliga generationer av hundar.

Buck sintió la melodía profundamente, gimiendo por un dolor arraigado en los siglos.

Buck kände melodin djupt, stönande av smärta rotad i tidsåldrarna.

Sollozaba por un dolor tan antiguo como la sangre salvaje en sus venas.

Han snyftade av en sorg lika gammal som det vilda blodet i hans ådror.

El frío, la oscuridad y el misterio tocaron el alma de Buck.

Kylan, mörkret och mystiken berörde Bucks själ.

Esa canción demostró hasta qué punto Buck había regresado a sus orígenes.

Den sången bevisade hur långt Buck hade återvänt till sina ursprung.

Entre la nieve y los aullidos había encontrado el comienzo de su propia vida.

Genom snö och ylande hade han funnit början på sitt eget liv.

Siete días después de llegar a Dawson, partieron nuevamente.

Sju dagar efter ankomsten till Dawson gav de sig av igen.

El equipo descendió del cuartel hasta el sendero Yukon.

Teamet släppte från barackerna ner till Yukon Trail.

Comenzaron el viaje de regreso hacia Dyea y Salt Water.

De började resan tillbaka mot Dyea och Salt Water.

Perrault llevaba despachos aún más urgentes que antes.

Perrault bar depescher ännu mer brådskande än tidigare.

También se sintió dominado por el orgullo por el sendero y se propuso establecer un récord.

Han greps också av stigstolthet och siktade på att sätta rekord.

Esta vez, varias ventajas estaban del lado de Perrault.

Den här gången var flera fördelar på Perraults sida.

Los perros habían descansado durante una semana entera y recuperaron su fuerza.

Hundarna hade vilat i en hel vecka och återfått sin styrka.

El camino que ellos habían abierto ahora estaba compactado por otros.

Spåret de hade brutit var nu hårt packat av andra.

En algunos lugares, la policía había almacenado comida tanto para perros como para hombres.

På sina ställen hade polisen förvarat mat åt både hundar och män.

Perrault viajaba ligero, moviéndose rápido y con poco que lo pesara.

Perrault färdades lätt, rörde sig snabbt och hade lite som tyngde ner honom.

Llegaron a Sixty-Mile, un recorrido de cincuenta millas, en la primera noche.

De nådde Sixty-Mile, en löprunda på åtta kilometer, redan den första natten.

El segundo día, se apresuraron a subir por el Yukón hacia Pelly.

På den andra dagen rusade de uppför Yukon mot Pelly.

Pero estos grandes avances implicaron un gran esfuerzo para François.

Men sådana fina framsteg medförde stora påfrestningar för François.

La rebelión silenciosa de Buck había destrozado la disciplina del equipo.

Bucks tysta uppror hade krossat lagets disciplin.

Ya no tiraban juntos como una sola bestia bajo las riendas.

De drog inte längre åt samma håll som ett enda odjur i tyglarna.

Buck había llevado a otros al desafío mediante su valiente ejemplo.

Buck hade lett andra till trots genom sitt djärva exempel.

La orden de Spitz ya no fue recibida con miedo ni respeto.

Spitz befallning möttes inte längre med fruktan eller respekt.

Los demás perdieron el respeto que le tenían y se atrevieron a resistirse a su gobierno.

De andra förlorade sin vördnad för honom och vågade göra motstånd mot hans styre.

Una noche, Pike robó medio pescado y se lo comió bajo la mirada de Buck.

En natt stal Pike en halv fisk och åt den mitt framför Bucks öga.

Otra noche, Dub y Joe pelearon contra Spitz y quedaron impunes.

En annan natt slogs Dub och Joe mot Spitz och klarade sig ostraffade.

Incluso Billee se quejó con menos dulzura y mostró una nueva agudeza.

Till och med Billee gnällde mindre sött och visade ny skärpa.

Buck le gruñó a Spitz cada vez que se cruzaban.

Buck morrade åt Spitz varje gång de korsade vägar.

La actitud de Buck se volvió audaz y amenazante, casi como la de un matón.

Bucks attityd blev djärv och hotfull, nästan som en översittare.

Caminó delante de Spitz con arrogancia, lleno de amenaza burlona.

Han gick fram och tillbaka framför Spitz med en bravur, full av hånfulla hot.

Ese colapso del orden se extendió también entre los perros de trineo.

Det ordningens kollaps spred sig även bland slädhundarna.

Pelearon y discutieron más que nunca, llenando el campamento de ruido.

De slogs och grälade mer än någonsin, och fyllde lägret med oväsen.

La vida en el campamento se convertía cada noche en un caos salvaje y aullante.

Lägerlivet förvandlades till ett vilt, ylande kaos varje natt.

Sólo Dave y Solleks permanecieron firmes y concentrados.

Endast Dave och Solleks förblev stadiga och fokuserade.

Pero incluso ellos se enojaron por las peleas constantes.

Men även de blev korta till mods av de ständiga bråken.

François maldijo en lenguas extrañas y pisoteó con frustración.

François svor på främmande språk och stampade i frustration.

Se tiró del pelo y gritó mientras la nieve volaba bajo sus pies.

Han slet sig i håret och skrek medan snön flög under fötterna.

Su látigo azotó a la manada, pero apenas logró mantenerlos bajo control.

Hans piska smällde över flocken men höll dem nätt och jämnt i ledet.

Cada vez que él le daba la espalda, la lucha estallaba de nuevo.

Varje gång han vände ryggen till utbröt striderna igen.

François utilizó el látigo para azotar a Spitz, mientras Buck lideraba a los rebeldes.

François använde piskslaget för Spitz, medan Buck ledde rebellerna.

Cada uno conocía el papel del otro, pero Buck evitó cualquier culpa.

Båda kände till den andres roll, men Buck undvek all skuld.

François nunca sorprendió a Buck iniciando una pelea o eludiendo su trabajo.

François ertappade aldrig Buck med att starta ett bråk eller smita från sitt jobb.

Buck trabajó duro con el arnés; el trabajo ahora emocionaba su espíritu.

Buck arbetade hårt i sele – slitet upprörde nu hans ande.

Pero encontró aún más alegría al provocar peleas y caos en el campamento.

Men han fann ännu större glädje i att skapa bråk och kaos i lägret.

Una noche, en la desembocadura del Tahkeena, Dub asustó a un conejo.

En kväll vid Tahkeenas mynning skrämde Dub en kanin.

Falló el tiro y el conejo con raquetas de nieve saltó lejos.

Han missade fångsten, och snöskokaninen sprang iväg.

En cuestión de segundos, todo el equipo de trineo los persiguió con gritos salvajes.

På några sekunder gav hela slädteamet efter under vilda rop.

Cerca de allí, un campamento de la Policía del Noroeste albergaba cincuenta perros husky.

I närheten fanns ett polisläger för nordvästra USA, där femtio huskyhundar fanns.

Se unieron a la caza y navegaron juntos por el río helado.

De anslöt sig till jakten och for nerför den frusna floden tillsammans.

El conejo se desvió del río y huyó hacia el lecho congelado del arroyo.

Kaninen svängde av floden och flydde uppför en frusen bäckfåra.

El conejo saltaba suavemente sobre la nieve mientras los perros se abrían paso con dificultad.

Kaninen hoppade lätt över snön medan hundarna kämpade sig fram.

Buck lideró la enorme manada de sesenta perros en cada curva.

Buck ledde den massiva flocken på sextio hundar runt varje slingrande krök.

Avanzó lentamente y con entusiasmo, pero no pudo ganar terreno.

Han trängde sig framåt, lågt och ivrigt, men kunde inte vinna mark.

Su cuerpo brillaba bajo la pálida luna con cada poderoso salto.

Hans kropp blixtrade under den bleka månen vid varje kraftfullt språng.

Más adelante, el conejo se movía como un fantasma, silencioso y demasiado rápido para atraparlo.

Framför rörde sig kaninen som ett spöke, tyst och för snabb för att kunna fånga den.

Todos esos viejos instintos —el hambre, la emoción— se apoderaron de Buck.

Alla de där gamla instinkterna – hungern, spänningen – rusade genom Buck.

Los humanos a veces sienten este instinto y se ven impulsados a cazar con armas de fuego y balas.

Människor känner ibland denna instinkt, drivna att jaga med gevär och kula.

Pero Buck sintió este sentimiento a un nivel más profundo y personal.

Men Buck kände den här känslan på ett djupare och mer personligt plan.

No podían sentir lo salvaje en su sangre como Buck podía sentirlo.

De kunde inte känna vildmarken i sitt blod på samma sätt som Buck kunde känna den.

Persiguió carne viva, dispuesto a matar con los dientes y saborear la sangre.

Han jagade levande kött, redo att döda med tänderna och smaka blod.

Su cuerpo se tensó de alegría, queriendo bañarse en la cálida vida roja.

Hans kropp ansträngde sig av glädje, och ville bada i varmt rött liv.

Una extraña alegría marca el punto más alto que la vida puede alcanzar.

En märklig glädje markerar den högsta punkt livet någonsin kan nå.

La sensación de una cima donde los vivos olvidan que están vivos.

Känslan av en topp där de levande glömmer att de ens lever.

Esta alegría profunda conmueve al artista perdido en una inspiración ardiente.

Denna djupa glädje berör konstnären som är förlorad i flammande inspiration.

Esta alegría se apodera del soldado que lucha salvajemente y no perdona a ningún enemigo.

Denna glädje griper soldaten som kämpar vilt och inte skonar någon fiende.

Esta alegría ahora se apoderó de Buck mientras lideraba la manada con hambre primaria.

Denna glädje krävde nu Buck då han ledde flocken i urhunger.

Aulló con el antiguo grito del lobo, emocionado por la persecución en vida.

Han ylade med det urgamla vargskriet, hänförd av den levande jakten.

Buck recurrió a la parte más antigua de sí mismo, perdida en la naturaleza.

Buck utnyttjade den äldsta delen av sig själv, förlorad i vildmarken.

Llegó a lo más profundo, más allá de la memoria, al tiempo crudo y antiguo.

Han nådde djupt in i det förflutna, in i den råa, uråldriga tiden.

Una ola de vida pura recorrió cada músculo y tendón.

En våg av rent liv vällde genom varje muskel och sena.

Cada salto gritaba que vivía, que avanzaba a través de la muerte.

Varje hopp ropade att han levde, att han rörde sig genom döden.

Su cuerpo se elevaba alegremente sobre una tierra quieta y fría que nunca se movía.

Hans kropp svävade glädjefyllt över det stilla, kalla, orörda landet.

Spitz se mantuvo frío y astuto, incluso en sus momentos más salvajes.

Spitz förblev kall och listig, även i sina vildaste stunder.

Dejó el sendero y cruzó el terreno donde el arroyo se curvaba ampliamente.

Han lämnade leden och korsade mark där bäcken svängde sig vid.

Buck, sin darse cuenta de esto, permaneció en el sinuoso camino del conejo.

Buck, omedveten om detta, stannade kvar på kaninens slingrande stig.

Entonces, cuando Buck dobló una curva, el conejo fantasmal estaba frente a él.

Sedan, när Buck rundade en kurva, stod den spöklika kaninen framför honom.

Vio una segunda figura saltar desde la orilla delante de la presa.

Han såg en andra figur hoppa från stranden framför bytet.

La figura era Spitz, aterrizando justo en el camino del conejo que huía.

Figuren var Spitz, som landade precis i den flyende kaninens väg.

El conejo no pudo girar y se encontró con las fauces de Spitz en el aire.

Kaninen kunde inte vända sig om och mötte Spitzs käkar i luften.

La columna vertebral del conejo se rompió con un chillido tan agudo como el grito de un humano moribundo.

Kaninens ryggrad bröts av med ett skrik lika skarpt som en döende människas rop.

Ante ese sonido, la caída de la vida a la muerte, la manada aulló fuerte.

Vid det ljudet – fallet från liv till död – ylade flocken högt.

Un coro salvaje se elevó detrás de Buck, lleno de oscuro deleite.

En vild kör höjdes bakom Buck, full av mörk glädje.

Buck no emitió ningún grito ni sonido y se lanzó directamente hacia Spitz.

Buck ropade inte, inget ljud, och stormade rakt in i Spitz.

Apuntó a la garganta, pero en lugar de eso golpeó el hombro.

Han siktade på halsen, men träffade istället axeln.

Cayeron sobre la nieve blanda; sus cuerpos trabados en combate.

De tumlade genom mjuk snö; deras kroppar var upptagna i strid.

Spitz se levantó rápidamente, como si nunca lo hubieran derribado.

Spitz sprang snabbt upp, som om han aldrig hade blivit nedslagen.

Cortó el hombro de Buck y luego saltó para alejarse de la pelea.

Han högg Buck i axeln och sprang sedan undan ur striden.

Sus dientes chasquearon dos veces como trampas de acero y sus labios se curvaron y fueron feroces.

Två gånger knäppte hans tänder som stålfällor, läpparna var böjda och vildsint.

Retrocedió lentamente, buscando terreno firme bajo sus pies.

Han backade långsamt undan och sökte fast mark under fötterna.

Buck comprendió el momento instantánea y completamente.

Buck förstod ögonblicket omedelbart och helt.

Había llegado el momento; la lucha iba a ser una lucha a muerte.

Tiden var inne; kampen skulle bli en kamp till döden.

Los dos perros daban vueltas, gruñendo, con las orejas planas y los ojos entrecerrados.

De två hundarna cirkulerade, morrade, med platta öron och sammanbitna ögon.

Cada perro esperaba que el otro mostrara debilidad o un paso en falso.

Varje hund väntade på att den andra skulle visa svaghet eller felsteg.

Para Buck, la escena era inquietantemente conocida y recordada profundamente.

För Buck kändes scenen kusligt välkänd och djupt ihågkommen.

El bosque blanco, la tierra fría, la batalla bajo la luz de la luna.

De vita skogarna, den kalla jorden, striden i månskenet.

Un pesado silencio llenó la tierra, profundo y antinatural.

En tung tystnad fyllde landet, djup och onaturlig.

Ningún viento se agitó, ninguna hoja se movió, ningún sonido rompió la quietud.

Ingen vind rörde sig, inget löv rörde sig, inget ljud bröt stillheten.

El aliento de los perros se elevaba como humo en el aire helado y silencioso.

Hundarnas andetag steg som rök i den frusna, tysta luften.

El conejo fue olvidado hace mucho tiempo por la manada de bestias salvajes.

Kaninen var länge glömd av flocken av vilda djur.

Estos lobos medio domesticados ahora permanecían quietos formando un amplio círculo.

Dessa halvtämjda vargar stod nu stilla i en vid cirkel.

Estaban en silencio, sólo sus ojos brillantes revelaban su hambre.

De var tysta, bara deras glödande ögon avslöjade deras hunger.

Su respiración se elevó mientras observaban cómo comenzaba la pelea final.

Deras andetag gled uppåt, medan de såg den sista striden börja.

Para Buck, esta batalla era vieja y esperada, nada extraña.

För Buck var denna strid gammal och väntad, inte alls konstig.

Parecía el recuerdo de algo que siempre estuvo destinado a suceder.

Det kändes som ett minne av något som alltid varit menat att hända.

Spitz era un perro de pelea entrenado, perfeccionado por innumerables peleas salvajes.

Spitz var en tränad kamphund, finslipad genom otaliga vilda slagsmål.

Desde Spitzbergen hasta Canadá, había vencido a muchos enemigos.

Från Spetsbergen till Kanada hade han besegrat många fiender.

Estaba lleno de furia, pero nunca dejó controlar la rabia.

Han var fylld av ilska, men gav aldrig kontroll över raseriet.

Su pasión era aguda, pero siempre templada por un duro instinto.

Hans passion var skarp, men alltid mildrad av hård instinkt.

Nunca atacó hasta que su propia defensa estuvo en su lugar.

Han anföll aldrig förrän hans eget försvar var på plats.

Buck intentó una y otra vez alcanzar el vulnerable cuello de Spitz.

Buck försökte gång på gång nå Spitzs sårbara nacke.

Pero cada golpe era correspondido con un corte de los afilados dientes de Spitz.

Men varje hugg möttes av ett hugg från Spitz vassa tänder.

Sus colmillos chocaron y ambos perros sangraron por los labios desgarrados.

Deras huggtänder krockade, och båda hundarna blödde från sönderrivna läppar.

No importaba cuánto se lanzara Buck, no podía romper la defensa.

Hur Buck än kastade sig fram kunde han inte bryta igenom försvaret.

Se puso más furioso y se abalanzó con salvajes ráfagas de poder.

Han blev alltmer rasande och stormade in med vilda maktutbrott.

Una y otra vez, Buck atacó la garganta blanca de Spitz.

Om och om igen slog Buck efter Spitz vita strupe.

Cada vez que Spitz esquivaba el ataque, contraatacaba con un mordisco cortante.

Varje gång undvek Spitz och slog tillbaka med ett skärande bett.

Entonces Buck cambió de táctica y se abalanzó nuevamente hacia la garganta.

Sedan ändrade Buck taktik och rusade som för att sätta strupen igen.

Pero él retrocedió a mitad del ataque y se giró para atacar desde un costado.

Men han drog sig tillbaka mitt i attacken och vände sig till att slå från sidan.

Le lanzó el hombro a Spitz con la intención de derribarlo.

Han kastade axeln mot Spitz i syfte att slå omkull honom.

Cada vez que lo intentaba, Spitz lo esquivaba y
contraatacaba con un corte.

Varje gång han försökte undvek Spitz och kontrade med ett
hugg.

El hombro de Buck se enrojeció cuando Spitz saltó después
de cada golpe.

Bucks axel blev öm när Spitz sprang undan efter varje träff.

Spitz no había sido tocado, mientras que Buck sangraba por
muchas heridas.

Spitz hade inte blivit rörd, medan Buck blödde från många
sår.

La respiración de Buck era rápida y pesada y su cuerpo
estaba cubierto de sangre.

Bucks andetag kom snabbt och tungt, hans kropp glödande av
blod.

La pelea se volvió más brutal con cada mordisco y
embestida.

Slaget blev mer brutalt med varje bett och anfall.

A su alrededor, sesenta perros silenciosos esperaban que
cayera el primero.

Runt omkring dem väntade sextio tysta hundar på att de
första skulle falla.

Si un perro caía, la manada terminaría la pelea.

Om en hund föll skulle flocken avsluta kampen.

Spitz vio que Buck se estaba debilitando y comenzó a
presionar para atacar.

Spitz såg Buck försvagas och började anfalla.

Mantuvo a Buck fuera de equilibrio, obligándolo a luchar
para mantener el equilibrio.

Han höll Buck ur balans och tvingade honom att kämpa för att
få fotfästet.

Una vez Buck tropezó y cayó, y todos los perros se
levantaron.

En gång snubblade Buck och föll, och alla hundarna reste sig
upp.

Pero Buck se enderezó a mitad de la caída y todos volvieron
a caer.

Men Buck rättade till sig mitt i fallet, och alla sjönk ner igen.

Buck tenía algo poco común: una imaginación nacida de un instinto profundo.

Buck hade något sällsynt – fantasi född ur djup instinkt.

Peleó con impulso natural, pero también peleó con astucia.

Han kämpade av naturlig drift, men han kämpade också med slughet.

Cargó de nuevo como si repitiera su truco de ataque con el hombro.

Han anföll igen som om han upprepade sitt axelattackstrick.

Pero en el último segundo, se agachó y pasó por debajo de Spitz.

Men i sista sekunden sjönk han lågt och svepte under Spitz.

Sus dientes se clavaron en la pata delantera izquierda de Spitz con un chasquido.

Hans tänder låste sig fast i Spitz vänstra framben med ett knäpp.

Spitz ahora estaba inestable, con su peso sobre sólo tres patas.

Spitz stod nu ostadig, med endast tre ben i sin vikt.

Buck atacó de nuevo e intentó derribarlo tres veces.

Buck slog till igen och försökte tre gånger få ner honom.

En el cuarto intento utilizó el mismo movimiento con éxito.

På fjärde försöket använde han samma drag med framgång.

Esta vez Buck logró morder la pata derecha de Spitz.

Den här gången lyckades Buck bita Spitz i högra benet.

Spitz, aunque lisiado y en agonía, siguió luchando por sobrevivir.

Spitz, trots att han var förlamad och i smärta, fortsatte att kämpa för att överleva.

Vio que el círculo de huskies se estrechaba, con las lenguas afuera y los ojos brillantes.

Han såg kretsen av huskyhundar tätna ihop, med tungorna utsträckta och ögonen glödande.

Esperaron para devorarlo, tal como habían hecho con los otros.

De väntade på att sluka honom, precis som de hade gjort mot andra.

Esta vez, él estaba en el centro; derrotado y condenado.

Den här gången stod han i mitten; besegrad och dömd.

Ya no había opción de escapar para el perro blanco.

Det fanns inget annat alternativ för den vita hunden att fly nu.

Buck no mostró piedad, porque la piedad no pertenecía a la naturaleza.

Buck visade ingen nåd, för nåd hörde inte hemma i naturen.

Buck se movió con cuidado, preparándose para la carga final.

Buck rörde sig försiktigt och förberedde sig för den sista anfallet.

El círculo de perros esquimales se cerró; sintió sus respiraciones cálidas.

Cirkeln av huskyhundar slöt sig om; han kände deras varma andetag.

Se agacharon, preparados para saltar cuando llegara el momento.

De hukade sig lågt, redo att hoppa när ögonblicket kom.

Spitz temblaba en la nieve, gruñendo y cambiando su postura.

Spitz darrade i snön, morrade och ändrade ställning.

Sus ojos brillaban, sus labios se curvaron y sus dientes brillaron en una amenaza desesperada.

Hans ögon stirrade, läpparna krullade, tänderna blixtrade av desperat hot.

Se tambaleó, todavía intentando contener el frío mordisco de la muerte.

Han vacklade, fortfarande försökande att hålla tillbaka dödens kalla bett.

Ya había visto esto antes, pero siempre desde el lado ganador.

Han hade sett detta förut, men alltid från den vinnande sidan.

Ahora estaba en el bando perdedor; el derrotado; la presa; la muerte.

Nu var han på den förlorande sidan; den besegrade; bytet; döden.

Buck voló en círculos para asestar el golpe final, mientras el círculo de perros se acercaba cada vez más.

Buck gick i en cirk för att ge det sista slaget, hundarnas ring trängdes närmare.

Podía sentir sus respiraciones calientes; listas para matar.

Han kunde känna deras heta andetag; redo för att döda.

Se hizo un silencio absoluto, todo estaba en su lugar, el tiempo se había detenido.

En stillhet föll; allt var på sin plats; tiden hade stannat.

Incluso el aire frío entre ellos se congeló por un último momento.

Till och med den kalla luften mellan dem frös till is för ett sista ögonblick.

Sólo Spitz se movió, intentando contener su amargo final.

Endast Spitz rörde sig och försökte hålla tillbaka hans bittra slut.

El círculo de perros se iba cerrando a su alrededor, tal como era su destino.

Hundkretsen slöt sig om honom, liksom hans öde.

Ahora estaba desesperado, sabiendo lo que estaba a punto de suceder.

Han var desperat nu, eftersom han visste vad som skulle hända.

Buck saltó y hombro con hombro chocó una última vez.

Buck hoppade in, axel mötte axel en sista gång.

Los perros se lanzaron hacia adelante, cubriendo a Spitz en la oscuridad nevada.

Hundarna rusade fram och täckte Spitz i det snötäckta mörkret.

Buck observaba, erguido, vencedor en un mundo salvaje.

Buck tittade på, stående rak; segraren i en vild värld.

La bestia primordial dominante había cometido su asesinato, y fue bueno.

Det dominerande urdjuret hade gjort sin byte, och det var bra.

Aquel que ha alcanzado la maestría
Han som har vunnit mästerskapet

¿Eh? ¿Qué dije? Digo la verdad cuando digo que Buck es un demonio.
"Eh? Vad sa jag? Jag talar sanning när jag säger att Buck är en djävul."

François dijo esto a la mañana siguiente después de descubrir que Spitz había desaparecido.
François sa detta nästa morgon efter att ha hittat Spitz försvunnen.

Buck permaneció allí, cubierto de heridas por la feroz pelea.
Buck stod där, täckt av sår från den våldsamma striden.

François acercó a Buck al fuego y señaló las heridas.
François drog Buck nära elden och pekade på skadorna.

"Ese Spitz peleó como Devik", dijo Perrault, mirando los profundos cortes.
"Den där Spitzen slogs som en Devik", sa Perrault och blickade ut över de djupa såren.

—Y ese Buck peleó como dos demonios —respondió François inmediatamente.
"Och att Buck slogs som två djävlar", svarade François genast.

"Ahora iremos a buen ritmo; no más Spitz, no más problemas".
"Nu ska vi ha det bra; ingen mer Spitz, inget mer problem."

Perrault estaba empacando el equipo y cargando el trineo con cuidado.
Perrault packade utrustningen och lastade släden omsorgsfullt.

François enjaezó a los perros para prepararlos para la carrera del día.
François selade hundarna som förberedelse inför dagens löprunda.

Buck trotó directamente a la posición de liderazgo que alguna vez ocupó Spitz.
Buck travade rakt upp till den ledningsposition som en gång innehades av Spitz.

Pero François, sin darse cuenta, condujo a Solleks hacia el frente.
Men François, som inte märkte det, ledde Solleks fram till fronten.
A juicio de François, Solleks era ahora el mejor perro guía.
Enligt François' bedömning var Solleks nu den bästa ledarhunden.
Buck se abalanzó furioso sobre Solleks y lo hizo retroceder en protesta.
Buck sprang rasande mot Solleks och drev honom tillbaka i protest.
Se situó en el mismo lugar que una vez estuvo Spitz, ocupando la posición de liderazgo.
Han stod där Spitz en gång hade stått och gjorde anspråk på ledarpositionen.
—¿Eh? ¿Eh? —gritó François, dándose palmadas en los muslos, divertido.
"Vah? Va?" utbrast François och klappade sig road för låren.
—Mira a Buck. Mató a Spitz y ahora quiere aceptar el trabajo.
"Titta på Buck – han dödade Spitz, nu vill han ta jobbet!"
—¡Vete, Chook! —gritó, intentando ahuyentar a Buck.
"Gå din väg, Chook!" ropade han och försökte driva bort Buck.
Pero Buck se negó a moverse y se mantuvo firme en la nieve.
Men Buck vägrade att röra sig och stod stadigt i snön.
François agarró a Buck por la nuca y lo arrastró a un lado.
François grep tag i Bucks skinn och drog honom åt sidan.
Buck gruñó bajo y amenazante, pero no atacó.
Buck morrade lågt och hotfullt men attackerade inte.
François puso a Solleks de nuevo en cabeza, intentando resolver la disputa.
François satte Solleks tillbaka i ledningen och försökte lösa tvisten
El perro viejo mostró miedo de Buck y no quería quedarse.
Den gamla hunden visade rädsla för Buck och ville inte stanna.

Cuando François le dio la espalda, Buck expulsó nuevamente a Solleks.

När François vände ryggen till, drev Buck ut Solleks igen.

Solleks no se resistió y se hizo a un lado silenciosamente una vez más.

Solleks gjorde inget motstånd och steg tyst åt sidan återigen.

François se enojó y gritó: "¡Por Dios, te arreglo!"

François blev arg och ropade: "Vid Gud, jag fixar dig!"

Se acercó a Buck sosteniendo un pesado garrote en su mano.

Han kom mot Buck med en tung klubba i handen.

Buck recordaba bien al hombre del suéter rojo.

Buck mindes mannen i den röda tröjan väl.

Se retiró lentamente, observando a François, pero gruñendo profundamente.

Han drog sig långsamt tillbaka, iakttog François, men morrade djupt.

No se apresuró a regresar, incluso cuando Solleks ocupó su lugar.

Han skyndade sig inte tillbaka, inte ens när Solleks stod på hans plats.

Buck voló en círculos fuera de su alcance, gruñendo con furia y protesta.

Buck cirklade strax utom räckhåll, morrande i raseri och protest.

Mantuvo la vista fija en el palo, dispuesto a esquivarlo si François lanzaba.

Han höll blicken fäst vid klubban, redo att ducka för om François kastade.

Se había vuelto sabio y cauteloso en cuanto a las costumbres de los hombres con armas.

Han hade blivit vis och försiktig när det gällde män med vapen.

François se dio por vencido y llamó a Buck nuevamente a su antiguo lugar.

François gav upp och kallade Buck till sin tidigare plats igen.

Pero Buck retrocedió con cautela, negándose a obedecer la orden.

Men Buck tog ett försiktigt steg tillbaka och vägrade att lyda ordern.

François lo siguió, pero Buck sólo retrocedió unos pasos más.

François följde efter, men Buck drog sig bara tillbaka några steg till.

Después de un tiempo, François arrojó el arma al suelo, frustrado.

Efter en stund kastade François ner vapnet i frustration.

Pensó que Buck tenía miedo de que le dieran una paliza y que iba a venir sin hacer mucho ruido.

Han trodde att Buck fruktade att bli misshandlad och skulle komma tyst.

Pero Buck no estaba evitando el castigo: estaba luchando por su rango.

Men Buck undvek inte straff – han kämpade för rang.

Se había ganado el puesto de perro líder mediante una pelea a muerte.

Han hade förtjänat ledarhundsplatsen genom en kamp på liv och död

No iba a conformarse con nada menos que ser el líder.

Han skulle inte nöja sig med något mindre än att vara ledaren.

Perrault participó en la persecución para ayudar a atrapar al rebelde Buck.

Perrault hjälpte till i jakten för att fånga den upproriske Buck.

Juntos lo hicieron correr alrededor del campamento durante casi una hora.

Tillsammans sprang de runt med honom i lägret i nästan en timme.

Le lanzaron garrotes, pero Buck los esquivó hábilmente.

De kastade klubbor mot honom, men Buck undvek skickligt var och en av dem.

Lo maldijeron a él, a sus padres, a sus descendientes y a cada cabello que tenía.

De förbannade honom, hans förfäder, hans ättlingar och vartenda hårstrå på honom.

Pero Buck sólo gruñó y se quedó fuera de su alcance.

Men Buck bara morrade tillbaka och höll sig precis utom räckhåll.

Nunca intentó huir, sino que rodeó el campamento deliberadamente.

Han försökte aldrig fly utan gick medvetet runt lägret.

Dejó claro que obedecería una vez que le dieran lo que quería.

Han gjorde det klart att han skulle lyda när de väl gav honom vad han ville ha.

François finalmente se sentó y se rascó la cabeza con frustración.

François satte sig slutligen ner och kliade sig frustrerat i huvudet.

Perrault miró su reloj, maldijo y murmuró algo sobre el tiempo perdido.

Perrault tittade på sin klocka, svor och mumlade om förlorad tid.

Ya había pasado una hora cuando debían estar en el sendero.

En timme hade redan gått när de borde ha varit på spåret.

François se encogió de hombros tímidamente y miró al mensajero, quien suspiró derrotado.

François ryckte fåraktigt på axlarna mot kuriren, som suckade besegrad.

Entonces François se acercó a Solleks y llamó a Buck una vez más.

Sedan gick François till Solleks och ropade på Buck ännu en gång.

Buck se rió como se ríe un perro, pero mantuvo una distancia cautelosa.

Buck skrattade som en hund skrattar, men höll försiktigt avstånd.

François le quitó el arnés a Solleks y lo devolvió a su lugar.

François tog av Solleks sele och satte honom tillbaka på sin plats.

El equipo de trineo estaba completamente arneses y solo había un lugar libre.

Kälkspannet stod fullt selat, med bara en plats ledig.

La posición de liderazgo quedó vacía, claramente destinada solo para Buck.

Ledarpositionen förblev tom, uppenbarligen avsedd enbart för Buck.

François volvió a llamar, y nuevamente Buck rió y se mantuvo firme.

François ropade igen, och återigen skrattade Buck och stod fast.

—Tira el garrote —ordenó Perrault sin dudarlo.

"Kasta ner klubban", beordrade Perrault utan att tveka.

François obedeció y Buck inmediatamente trotó hacia adelante orgulloso.

François lydde, och Buck travade genast stolt fram.

Se rió triunfante y asumió la posición de líder.

Han skrattade triumferande och klev in i ledarpositionen.

François aseguró sus correajes y el trineo se soltó.

François säkrade sina spår, och släden bröts loss.

Ambos hombres corrieron al lado del equipo mientras corrían hacia el sendero del río.

Båda männen sprang bredvid medan laget rusade ut på flodleden.

François tenía en alta estima a los "dos demonios" de Buck.

François hade haft höga tankar om Bucks "två djävlar".

Pero pronto se dio cuenta de que en realidad había subestimado al perro.

men han insåg snart att han faktiskt hade underskattat hunden.

Buck asumió rápidamente el liderazgo y trabajó con excelencia.

Buck tog snabbt ledarskapet och presterade med utmärkt resultat.

En juicio, pensamiento rápido y acción veloz, Buck superó a Spitz.

I omdöme, snabbt tänkande och snabba handlingar överträffade Buck Spitz.

François nunca había visto un perro igual al que Buck mostraba ahora.

François hade aldrig sett en hund som var likvärdig med den Buck nu visade upp.

Pero Buck realmente sobresalía en imponer el orden e imponer respeto.

Men Buck utmärkte sig verkligen i att upprätthålla ordning och kräva respekt.

Dave y Solleks aceptaron el cambio sin preocupación ni protesta.

Dave och Solleks accepterade förändringen utan oro eller protest.

Se concentraron únicamente en el trabajo y en tirar con fuerza de las riendas.

De fokuserade bara på arbete och att dra hårt i tyglarna.

A ellos les importaba poco quién iba delante, siempre y cuando el trineo siguiera moviéndose.

De brydde sig föga om vem som ledde, så länge släden fortsatte att röra sig.

Billee, la alegre, podría haber liderado todo lo que a ellos les importaba.

Billee, den glada, kunde ha lett vad de än brydde sig om.

Lo que les importaba era la paz y el orden en las filas.

Det som var viktigt för dem var lugn och ordning i leden.

El resto del equipo se había vuelto rebelde durante la decadencia de Spitz.

Resten av laget hade blivit ostyrigt under Spitz nedgång.

Se sorprendieron cuando Buck inmediatamente los puso en orden.

De blev chockade när Buck omedelbart beställde dem.

Pike siempre había sido perezoso y arrastraba los pies detrás de Buck.

Pike hade alltid varit lat och släpat efter Buck.

Pero ahora el nuevo liderazgo lo ha disciplinado severamente.

Men nu blev han skarpt disciplinerad av det nya ledarskapet.

Y rápidamente aprendió a aportar su granito de arena en el equipo.
Och han lärde sig snabbt att dra sin balk i laget.
Al final del día, Pike trabajó más duro que nunca.
Vid dagens slut arbetade Pike hårdare än någonsin tidigare.
Esa noche en el campamento, Joe, el perro amargado, finalmente fue sometido.
Den natten i lägret blev Joe, den sura hunden, äntligen kuvad.
Spitz no logró disciplinarlo, pero Buck no falló.
Spitz hade misslyckats med att disciplinera honom, men Buck misslyckades inte.
Utilizando su mayor peso, Buck superó a Joe en segundos.
Med sin större vikt övermannade Buck Joe på några sekunder.
Mordió y golpeó a Joe hasta que gimió y dejó de resistirse.
Han bet och slog Joe tills han gnällde och slutade göra motstånd.
Todo el equipo mejoró a partir de ese momento.
Hela laget förbättrades från det ögonblicket.
Los perros recuperaron su antigua unidad y disciplina.
Hundarna återfick sin gamla enighet och disciplin.
En Rink Rapids, se unieron dos nuevos huskies nativos, Teek y Koona.
Vid Rink Rapids anslöt sig två nya inhemska huskies, Teek och Koona.
El rápido entrenamiento que Buck les dio sorprendió incluso a François.
Bucks snabba träning av dem förvånade till och med François.
"¡Nunca hubo un perro como ese Buck!" gritó con asombro.
"Aldrig har det funnits en sådan hund som den där Buck!" ropade han förvånat.
¡No, jamás! ¡Vale mil dólares, por Dios!
"Nej, aldrig! Han är värd tusen dollar, vid Gud!"
—¿Eh? ¿Qué dices, Perrault? —preguntó con orgullo.
"Eh? Vad säger du, Perrault?" frågade han med stolthet.
Perrault asintió en señal de acuerdo y revisó sus notas.
Perrault nickade instämmande och kontrollerade sina anteckningar.

Ya vamos por delante del cronograma y ganamos más cada día.
Vi ligger redan före schemat och vi blir fler för varje dag.
El sendero estaba duro y liso, sin nieve fresca.
Leden var hårt packad och slät, utan nysnö.
El frío era constante, rondando los cincuenta grados bajo cero durante todo el tiempo.
Kylan var ständig och svävade runt femtio minusgrader hela tiden.
Los hombres cabalgaban y corrían por turnos para entrar en calor y ganar tiempo.
Männen red och sprang turvis för att hålla sig varma och ta sig tid.
Los perros corrían rápido, con pocas paradas y siempre avanzando.
Hundarna sprang snabbt med få stopp, alltid framåt.
El río Thirty Mile estaba casi congelado y era fácil cruzarlo.
Thirty Mile-floden var mestadels frusen och lätt att resa över.
Salieron en un día lo que habían tardado diez días en llegar.
De gav sig ut på en dag, vilket hade tagit tio dagar att komma in.
Hicieron una carrera de sesenta millas desde el lago Le Barge hasta White Horse.
De sprang sextio mil från Lake Le Barge till White Horse.
A través de los lagos Marsh, Tagish y Bennett se movieron increíblemente rápido.
Över Marsh-, Tagish- och Bennett-sjöarna rörde de sig otroligt snabbt.
El hombre corriendo remolcado detrás del trineo por una cuerda.
Den löpande mannen bogserades bakom släden i ett rep.
En la última noche de la segunda semana llegaron a su destino.
På den sista natten i vecka två kom de fram till sin destination.
Habían llegado juntos a la cima del Paso Blanco.
De hade nått toppen av White Pass tillsammans.

Descendieron al nivel del mar con las luces de Skaguay debajo de ellos.

De sjönk ner till havsnivån med Skaguays ljus under sig.

Había sido una carrera que estableció un récord a través de kilómetros de desierto frío.

Det hade varit en rekordartad löprunda genom kilometervis av kall vildmark.

Durante catorce días seguidos, recorrieron un promedio de cuarenta millas.

Fjorton dagar i sträck snittade de en stark sträcka på sextio kilometer.

En Skaguay, Perrault y François transportaban mercancías por la ciudad.

I Skaguay flyttade Perrault och François last genom staden.

Fueron aplaudidos y la multitud admirada les ofreció muchas bebidas.

De blev hyllade och erbjöds många drinkar av beundrande folkmassor.

Los cazadores de perros y los trabajadores se reunieron alrededor del famoso equipo de perros.

Hundjagare och arbetare samlades runt det berömda hundspannet.

Luego, los forajidos del oeste llegaron a la ciudad y sufrieron una derrota violenta.

Sedan kom västerländska laglösa till staden och mötte ett våldsamt nederlag.

La gente pronto se olvidó del equipo y se centró en un nuevo drama.

Folket glömde snart laget och fokuserade på nytt drama.

Luego vinieron las nuevas órdenes que cambiaron todo de golpe.

Sedan kom de nya orderna som förändrade allt på en gång.

François llamó a Buck y lo abrazó con orgullo entre lágrimas.

François kallade på Buck och kramade honom med tårfylld stolthet.

Ese momento fue la última vez que Buck volvió a ver a François.

Det ögonblicket var sista gången Buck någonsin såg François igen.

Como muchos hombres antes, tanto François como Perrault se habían ido.

Liksom många män tidigare var både François och Perrault borta.

Un mestizo escocés se hizo cargo de Buck y sus compañeros de equipo de perros de trineo.

En skotsk halvblod tog hand om Buck och hans slädhundskamrater.

Con una docena de otros equipos de perros, regresaron por el sendero hasta Dawson.

Med ett dussin andra hundspann återvände de längs leden till Dawson.

Ya no era una carrera rápida, solo un trabajo duro con una carga pesada cada día.

Det var ingen snabb löprunda nu – bara hårt slit med en tung lass varje dag.

Éste era el tren correo que llevaba noticias a los buscadores de oro cerca del Polo.

Detta var posttåget som förde bud till guldjägare nära polen.

A Buck no le gustaba el trabajo, pero lo soportaba bien y se enorgullecía de su esfuerzo.

Buck ogillade arbetet men bar det bra och var stolt över sin insats.

Al igual que Dave y Solleks, Buck mostró devoción por cada tarea diaria.

Liksom Dave och Solleks visade Buck hängivenhet i varje daglig uppgift.

Se aseguró de que cada uno de sus compañeros hiciera su parte.

Han såg till att alla hans lagkamrater drog sin rättmätiga del.

La vida en el sendero se volvió aburrida, repetida con la precisión de una máquina.

Livet på stigarna blev tråkigt, upprepat med en maskins precision.

Cada día parecía igual, una mañana se fundía con la siguiente.

Varje dag kändes likadan, en morgon smälte samman med nästa.

A la misma hora, los cocineros se levantaron para hacer fogatas y preparar la comida.

I samma timme reste sig kockarna för att göra upp eldar och tillaga mat.

Después del desayuno, algunos abandonaron el campamento mientras otros enjaezaron los perros.

Efter frukost lämnade några lägret medan andra selade för hundarna.

Se pusieron en marcha antes de que la tenue señal del amanecer tocara el cielo.

De kom iväg innan den svaga gryningsvarningen nuddade himlen.

Por la noche se detenían para acampar, cada hombre con una tarea determinada.

På natten stannade de för att slå läger, var och en man med en bestämd uppgift.

Algunos montaron tiendas de campaña, otros cortaron leña y recogieron ramas de pino.

Några slog upp tälten, andra högg ved och samlade tallkvistar.

Se llevaba agua o hielo a los cocineros para la cena.

Vatten eller is bars tillbaka till kockarna för kvällsmåltiden.

Los perros fueron alimentados y esta fue la mejor parte del día para ellos.

Hundarna fick mat, och detta var den bästa delen av dagen för dem.

Después de comer pescado, los perros se relajaron y descansaron cerca del fuego.

Efter att ha ätit fisk slappnade hundarna av och låg vid elden.

Había otros cien perros en el convoy con los que mezclarse.

Det fanns hundra andra hundar i konvojen att mingla med.

Muchos de esos perros eran feroces y rápidos para pelear sin previo aviso.

Många av dessa hundar var vildsinta och snabba att slåss utan förvarning.

Pero después de tres victorias, Buck dominó incluso a los luchadores más feroces.

Men efter tre segrar bemästrade Buck även de tuffaste kämparna.

Cuando Buck gruñó y mostró los dientes, se hicieron a un lado.

När Buck morrade och visade tänderna, klev de åt sidan.

Quizás lo mejor de todo es que a Buck le encantaba tumbarse cerca de la fogata parpadeante.

Kanske bäst av allt var att Buck älskade att ligga nära den fladdrande lägerelden.

Se agachó con las patas traseras dobladas y las patas delanteras estiradas hacia adelante.

Han hukade sig med bakbenen indragna och frambenen sträckta framåt.

Levantó la cabeza mientras parpadeaba suavemente ante las llamas brillantes.

Hans huvud höjdes medan han blinkade mjukt mot de glödande lågorna.

A veces recordaba la gran casa del juez Miller en Santa Clara.

Ibland mindes han domare Millers stora hus i Santa Clara.

Pensó en la piscina de cemento, en Ysabel y en el pug llamado Toots.

Han tänkte på cementdammen, på Ysabel och mopsen som hette Toots.

Pero más a menudo recordaba el garrote del hombre del suéter rojo.

Men oftare mindes han mannen med den röda tröjans klubba.

Recordó la muerte de Curly y su feroz batalla con Spitz.

Han mindes Lockigs död och hans hårda kamp med Spitz.

También recordó la buena comida que había comido o con la que aún soñaba.

Han mindes också den goda maten han hade ätit eller fortfarande drömt om.

Buck no sentía nostalgia: el cálido valle era distante e irreal.

Buck längtade inte hem – den varma dalen var avlägsen och overklig.

Los recuerdos de California ya no ejercían ninguna atracción sobre él.

Minnena från Kalifornien hade inte längre någon egentlig dragningskraft på honom.

Más fuertes que la memoria eran los instintos profundos en su linaje.

Starkare än minnet var instinkter djupt i hans blodslinje.

Los hábitos que una vez se habían perdido habían regresado, revividos por el camino y la naturaleza.

Vanor som en gång varit förlorade hade återvänt, återupplivade av leden och vildmarken.

Mientras Buck observaba la luz del fuego, a veces se convertía en otra cosa.

När Buck tittade på eldskenet förvandlades det ibland till något annat.

Vio a la luz del fuego otro fuego, más antiguo y más profundo que el actual.

Han såg i eldskenet en annan eld, äldre och djupare än den nuvarande.

Junto a ese otro fuego se agazapaba un hombre que no se parecía en nada al cocinero mestizo.

Bredvid den andra elden hukade en man, olik den halvblodiga kocken.

Esta figura tenía piernas cortas, brazos largos y músculos duros y anudados.

Denna figur hade korta ben, långa armar och hårda, knutna muskler.

Su cabello era largo y enmarañado, y caía hacia atrás desde los ojos.

Hans hår var långt och tovigt och sluttade bakåt från ögonen.

Hizo ruidos extraños y miró con miedo hacia la oscuridad.

Han gav ifrån sig konstiga ljud och stirrade skräckslagen ut i mörkret.

Sostenía agachado un garrote de piedra, firmemente agarrado con su mano larga y áspera.

Han höll en stenklubba lågt, hårt greppad i sin långa, grova hand.

El hombre vestía poco: sólo una piel carbonizada que le colgaba por la espalda.

Mannen bar lite; bara en förkolnad hud som hängde nerför hans rygg.

Su cuerpo estaba cubierto de espeso vello en los brazos, el pecho y los muslos.

Hans kropp var täckt av tjockt hår över armar, bröst och lår.

Algunas partes del cabello estaban enredadas en parches de pelaje áspero.

Vissa delar av håret var trassligt till fläckar av grov päls.

No se mantenía erguido, sino inclinado hacia delante desde las caderas hasta las rodillas.

Han stod inte rak utan böjde sig framåt från höfterna till knäna.

Sus pasos eran elásticos y felinos, como si estuviera siempre dispuesto a saltar.

Hans steg var fjädrande och kattlika, som om han alltid var redo att hoppa.

Había un estado de alerta agudo, como si viviera con miedo constante.

Det fanns en skarp vakenhet, som om han levde i ständig rädsla.

Este hombre anciano parecía esperar el peligro, ya sea que lo viera o no.

Denne forntida man tycktes förvänta sig fara, oavsett om faran sågs eller inte.

A veces, el hombre peludo dormía junto al fuego, con la cabeza metida entre las piernas.

Ibland sov den hårige mannen vid elden med huvudet mellan benen.

Sus codos descansaban sobre sus rodillas, sus manos entrelazadas sobre su cabeza.

Hans armbågar vilade på knäna, händerna knäppta ovanför huvudet.

Como un perro, usó sus brazos peludos para protegerse de la lluvia que caía.

Liksom en hund använde han sina håriga armar för att skjuta upp det fallande regnet.

Más allá de la luz del fuego, Buck vio dos brasas brillando en la oscuridad.

Bortom eldskenet såg Buck dubbla glödande kol i mörkret.

Siempre de dos en dos, eran los ojos de las bestias rapaces al acecho.

Alltid två och två, var de ögonen på smygande rovdjur.

Escuchó cuerpos chocando contra la maleza y ruidos en la noche.

Han hörde kroppar krascha genom buskage och ljud som gjordes i natten.

Acostado en la orilla del Yukón, parpadeando, Buck soñaba junto al fuego.

Liggande på Yukons strand, blinkande, drömde Buck vid elden.

Las vistas y los sonidos de ese mundo salvaje le ponían los pelos de punta.

Synerna och ljuden från den vilda världen fick honom att resa sig på håret.

El pelaje se le subió por la espalda, los hombros y el cuello.

Pälsen reste sig längs hans rygg, axlar och upp på hans nacke.

Él gimió suavemente o emitió un gruñido bajo y profundo en su pecho.

Han gnällde mjukt eller morrade lågt djupt i bröstet.

Entonces el cocinero mestizo gritó: "¡Oye, Buck, despierta!"

Sedan ropade halvblodskocken: "Hallå, din Buck, vakna!"

El mundo de los sueños desapareció y la vida real regresó a los ojos de Buck.

Drömvärlden försvann, och det verkliga livet återvände i Bucks ögon.

Iba a levantarse, estirarse y bostezar, como si acabara de despertar de una siesta.

Han skulle gå upp, sträcka på sig och gäspa, som om han hade väckts från en tupplur.

El viaje fue duro, con el trineo del correo arrastrándose detrás de ellos.

Resan var svår, med postsläden släpande efter dem.

Las cargas pesadas y el trabajo duro agotaban a los perros cada largo día.

Tunga bördor och hårt arbete slet ut hundarna varje lång dag.

Llegaron a Dawson delgados, cansados y necesitando más de una semana de descanso.

De anlände till Dawson tunna, trötta och i behov av över en veckas vila.

Pero sólo dos días después, emprendieron nuevamente el descenso por el Yukón.

Men bara två dagar senare gav de sig ut nerför Yukonfloden igen.

Estaban cargados con más cartas destinadas al mundo exterior.

De var lastade med fler brev på väg till omvärlden.

Los perros estaban exhaustos y los hombres se quejaban constantemente.

Hundarna var utmattade och männen klagade ständigt.

La nieve caía todos los días, suavizando el camino y ralentizando los trineos.

Snö föll varje dag, vilket mjukade upp leden och saktade ner slädarna.

Esto provocó que el tirón fuera más difícil y hubo más resistencia para los corredores.

Detta gjorde att löparna drog hårdare och fick mer motstånd.

A pesar de eso, los pilotos fueron justos y se preocuparon por sus equipos.

Trots det var förarna rättvisa och bryddе sig om sina team.

Cada noche, los perros eran alimentados antes de que los hombres pudieran comer.

Varje kväll matades hundarna innan männen fick äta.

Ningún hombre duerme sin antes revisar las patas de su propio perro.

Ingen människa sov innan hon kontrollerat sin egen hunds fötter.

Aún así, los perros se fueron debilitando a medida que los kilómetros iban desgastando sus cuerpos.

Ändå blev hundarna svagare allt eftersom milen gick på deras kroppar.

Habían viajado mil ochocientas millas durante el invierno.

De hade rest artonhundra mil under vintern.

Tiraron de trineos a lo largo de cada milla de esa brutal distancia.

De drog slädar över varenda mil av den brutala sträckan.

Incluso los perros de trineo más resistentes sienten tensión después de tantos kilómetros.

Även de tuffaste slädhundarna känner ansträngning efter så många mil.

Buck aguantó, mantuvo a su equipo trabajando y mantuvo la disciplina.

Buck höll ut, höll sitt lag igång och upprätthöll disciplinen.

Pero Buck estaba cansado, al igual que los demás en el largo viaje.

Men Buck var trött, precis som de andra på den långa resan.

Billee gemía y lloraba mientras dormía todas las noches sin falta.

Billee gnällde och grät i sömnen varje natt utan att misslyckas.

Joe se volvió aún más amargado y Solleks se mantuvo frío y distante.

Joe blev ännu mer bitter, och Solleks förblev kall och distanserad.

Pero fue Dave quien sufrió más de todo el equipo.

Men det var Dave som drabbades värst av hela laget.

Algo había ido mal dentro de él, aunque nadie sabía qué.

Något hade gått fel inom honom, fast ingen visste vad.

Se volvió más malhumorado y les gritaba a los demás con creciente enojo.

Han blev mer humörig och fräste åt andra med växande ilska.

Cada noche iba directo a su nido, esperando ser alimentado.

Varje natt gick han direkt till sitt bo och väntade på att få mat.

Una vez que cayó, Dave no se levantó hasta la mañana.

När han väl var nere, gick Dave inte upp igen förrän på morgonen.

En las riendas, tirones o arranques repentinos le hacían gritar de dolor.

I tyglarna fick plötsliga ryck eller starter honom att skrika av smärta.

Su conductor buscó la causa, pero no encontró heridos.

Hans förare sökte efter orsaken, men fann inga skador på honom.

Todos los conductores comenzaron a observar a Dave y discutieron su caso.

Alla förarna började titta på Dave och diskuterade hans fall.

Hablaron durante las comidas y durante el último cigarrillo del día.

De pratade vid måltiderna och under sin sista rökning för dagen.

Una noche tuvieron una reunión y llevaron a Dave al fuego.

En kväll höll de ett möte och förde Dave till elden.

Le apretaron y le palparon el cuerpo, y él gritaba a menudo.

De tryckte och undersökte hans kropp, och han grät ofta.

Estaba claro que algo iba mal, aunque no parecía haber ningún hueso roto.

Något var uppenbarligen fel, även om inga ben verkade brutna.

Cuando llegaron a Cassiar Bar, Dave se estaba cayendo.

När de kom fram till Cassiar Bar höll Dave på att falla omkull.

El mestizo escocés pidió un alto y eliminó a Dave del equipo.

Den skotske halvblodet lade stopp och tog bort Dave från laget.

Sujetó a Solleks en el lugar de Dave, más cerca del frente del trineo.

Han fäste Solleks på Daves plats, närmast skoterns framdel.

Su intención era dejar que Dave descansara y corriera libremente detrás del trineo en movimiento.

Han tänkte låta Dave vila och springa fritt bakom den rörliga släden.

Pero incluso estando enfermo, Dave odiaba que lo sacaran del trabajo que había tenido.

Men även när han var sjuk hatade Dave att bli tagen från jobbet han hade haft.

Gruñó y gimió cuando le quitaron las riendas del cuerpo.

Han morrade och gnällde när tyglarna drogs från hans kropp.

Cuando vio a Solleks en su lugar, lloró con el corazón roto.

När han såg Solleks i sin plats grät han av förkrossad smärta.

El orgullo por el trabajo en los senderos estaba profundamente arraigado en Dave, incluso cuando se acercaba la muerte.

Stoltheten över ledarbetet var djupt inom Dave, även när döden närmade sig.

Mientras el trineo se movía, Dave se tambaleaba sobre la nieve blanda cerca del sendero.

Medan släden rörde sig, famlade Dave genom den mjuka snön nära leden.

Atacó a Solleks, mordiéndolo y empujándolo desde el costado del trineo.

Han attackerade Solleks, bet och knuffade honom från slädens sida.

Dave intentó saltar al arnés y recuperar su lugar de trabajo.

Dave försökte hoppa in i selen och återta sin arbetsplats.

Gritó, se quejó y lloró, dividido entre el dolor y el orgullo por el trabajo.

Han skrek, gnällde och grät, sliten mellan smärta och stolthet över arbetet.

El mestizo usó su látigo para intentar alejar a Dave del equipo.

Halvblodet använde sin piska för att försöka driva bort Dave från laget.

Pero Dave ignoró el látigo y el hombre no pudo golpearlo más fuerte.

Men Dave ignorerade piskslaget, och mannen kunde inte slå honom hårdare.

Dave rechazó el camino más fácil detrás del trineo, donde la nieve estaba acumulada.

Dave vägrade att ta den enklare vägen bakom släden, där snön var packad.

En cambio, luchaba en la nieve profunda junto al sendero, en la miseria.

Istället kämpade han i den djupa snön bredvid leden, i elände.

Finalmente, Dave se desplomó, quedó tendido en la nieve y aullando de dolor.

Så småningom kollapsade Dave, liggandes i snön och ylande av smärta.

Gritó cuando el largo tren de trineos pasó a su lado uno por uno.

Han ropade till när det långa tåget av slädar passerade honom en efter en.

Aún con las fuerzas que le quedaban, se levantó y tropezó tras ellos.

Ändå, med den styrka som fanns kvar, reste han sig och stapplade efter dem.

Lo alcanzó cuando el tren se detuvo nuevamente y encontró su viejo trineo.

Han hann ikapp när tåget stannade igen och hittade sin gamla släde.

Pasó junto a los otros equipos y se quedó de nuevo al lado de Solleks.

Han famlade förbi de andra lagen och stod bredvid Solleks igen.

Cuando el conductor se detuvo para encender su pipa, Dave aprovechó su última oportunidad.

När föraren stannade för att tända sin pipa tog Dave sin sista chans.

Cuando el conductor regresó y gritó, el equipo no avanzó.

När föraren återvände och ropade, fortsatte teamet inte framåt.

Los perros habían girado la cabeza, confundidos por la parada repentina.

Hundarna hade vridit på huvudet, förvirrade av det plötsliga stoppet.

El conductor también estaba sorprendido: el trineo no se había movido ni un centímetro hacia adelante.

Föraren blev också chockad – släden hade inte rört sig en centimeter framåt.

Llamó a los demás para que vinieran a ver qué había sucedido.

Han ropade på de andra att de skulle komma och se vad som hade hänt.

Dave había mordido las riendas de Solleks, rompiéndolas ambas.

Dave hade tuggat igenom Solleks tyglar och brutit isär båda.

Ahora estaba de pie frente al trineo, nuevamente en su posición correcta.

Nu stod han framför släden, tillbaka på sin rättmätiga plats.

Dave miró al conductor y le rogó en silencio que se mantuviera en el carril.

Dave tittade upp på föraren och bönföll tyst att få hålla sig i spåren.

El conductor estaba desconcertado, sin saber qué hacer con el perro que luchaba.

Föraren var förbryllad och osäker på vad han skulle göra med den kämpande hunden.

Los otros hombres hablaron de perros que habían muerto al ser sacados a la calle.

De andra männen talade om hundar som hade dött av att bli uttagna.

Contaron sobre perros viejos o heridos cuyo corazón se rompió al ser abandonados.

De berättade om gamla eller skadade hundar vars hjärtan krossades när de lämnades kvar.

Estuvieron de acuerdo en que era una misericordia dejar que Dave muriera mientras aún estaba en su arnés.

De var överens om att det var barmhärtighet att låta Dave dö medan han fortfarande var i sin sele.

Lo volvieron a sujetar al trineo y Dave tiró con orgullo.

Han var fastspänd på släden igen, och Dave drog med stolthet.

Aunque a veces gritaba, trabajaba como si el dolor pudiera ignorarse.

Även om han grät ibland, arbetade han som om smärta kunde ignoreras.

Más de una vez se cayó y fue arrastrado antes de levantarse de nuevo.

Mer än en gång föll han och släpades med innan han reste sig igen.

Un día, el trineo pasó por encima de él y desde ese momento empezó a cojear.

En gång rullade släden över honom, och han haltade från det ögonblicket.

Aún así, trabajó hasta llegar al campamento y luego se acostó junto al fuego.

Ändå arbetade han tills han nådde lägret, och låg sedan vid elden.

Por la mañana, Dave estaba demasiado débil para viajar o incluso mantenerse en pie.

På morgonen var Dave för svag för att resa eller ens stå upprätt.

En el momento de preparar el arnés, intentó alcanzar a su conductor con un esfuerzo tembloroso.

Vid tiden för fastspänning försökte han med darrande ansträngning nå sin kusk.

Se obligó a levantarse, se tambaleó y se desplomó sobre el suelo nevado.

Han tvingade sig upp, vacklade och kollapsade ner på den snötäckta marken.

Utilizando sus patas delanteras, arrastró su cuerpo hacia el área del arnés.

Med hjälp av frambenen drog han sin kropp mot seleområdet.

Avanzó poco a poco, centímetro a centímetro, hacia los perros de trabajo.

Han hakade framåt, centimeter för centimeter, mot arbetshundarna.

Sus fuerzas se acabaron, pero siguió avanzando en su último y desesperado esfuerzo.

Hans styrkor tog slut, men han fortsatte i sin sista desperata ryck.

Sus compañeros de equipo lo vieron jadeando en la nieve, todavía deseando unirse a ellos.

Hans lagkamrater såg honom kippande efter andan i snön, fortfarande längtande efter att få göra dem sällskap.

Lo oyeron aullar de dolor mientras dejaban atrás el campamento.

De hörde honom yla av sorg när de lämnade lägret.

Cuando el equipo desapareció entre los árboles, el grito de Dave resonó detrás de ellos.

När teamet försvann in i träden ekade Daves rop bakom dem.

El tren de trineos se detuvo brevemente después de cruzar un tramo de bosque junto al río.

Slädtåget stannade kort efter att ha korsat en sträcka av flodskog.

El mestizo escocés caminó lentamente de regreso hacia el campamento que estaba detrás.

Den skotska halvblodet gick långsamt tillbaka mot lägret bakom.

Los hombres dejaron de hablar cuando lo vieron salir del tren de trineos.

Männen slutade tala när de såg honom lämna slädtåget.

Entonces un único disparo se oyó claro y nítido en el camino.

Sedan ljöd ett enda pistolskott klart och skarpt över stigen.

El hombre regresó rápidamente y ocupó su lugar sin decir palabra.

Mannen återvände snabbt och intog sin plats utan ett ord.

Los látigos crujieron, las campanas tintinearon y los trineos rodaron por la nieve.

Piskor sprakade, klockor klirrade och slädarna rullade vidare genom snön.

Pero Buck sabía lo que había sucedido... y todos los demás perros también.

Men Buck visste vad som hade hänt – och det gjorde även alla andra hundar.

El trabajo de las riendas y el sendero
Tyglarnas och spårets möda

Treinta días después de salir de Dawson, el Salt Water Mail llegó a Skaguay.
Trettio dagar efter att ha lämnat Dawson nådde Salt Water Mail Skaguay.
Buck y sus compañeros tomaron la delantera, llegando en lamentables condiciones.
Buck och hans lagkamrater tog ledningen och anlände i ynkligt skick.
Buck había bajado de ciento cuarenta a ciento quince libras.
Buck hade gått ner från hundra fyrtio till hundra femton pund.
Los otros perros, aunque más pequeños, habían perdido aún más peso corporal.
De andra hundarna, även om de var mindre, hade gått ner ännu mer i vikt.
Pike, que antes fingía cojear, ahora arrastraba tras él una pierna realmente herida.
Pike, en gång en falsk haltare, släpade nu ett rejält skadat ben efter sig.
Solleks cojeaba mucho y Dub tenía un omóplato torcido.
Solleks haltade svårt, och Dub hade en vriden skulderblad.
Todos los perros del equipo tenían las patas doloridas por las semanas que pasaron en el sendero helado.
Varje hund i spannet hade ont i fötterna efter veckor på den frusna leden.
Ya no tenían resorte en sus pasos, sólo un movimiento lento y arrastrado.

De hade ingen fjädring kvar i sina steg, bara långsamma, släpande rörelser.

Sus pies golpeaban el sendero con fuerza y cada paso añadía más tensión a sus cuerpos.

Deras fötter träffade stigen hårt, och varje steg ökade belastningen på deras kroppar.

No estaban enfermos, sólo agotados más allá de toda recuperación natural.

De var inte sjuka, bara uttömda till oförmåga att återhämta sig på naturlig väg.

No era el cansancio de un día duro que se curaba con una noche de descanso.

Detta var inte trötthet från en hård dag, botad med en natts vila.

Fue un agotamiento acumulado lentamente a lo largo de meses de esfuerzo agotador.

Det var en utmattning som långsamt byggdes upp genom månader av slitsam ansträngning.

No quedaban reservas de fuerza: habían agotado todas las que tenían.

Ingen reservstyrka fanns kvar – de hade förbrukat varenda krona de hade.

Cada músculo, fibra y célula de sus cuerpos estaba gastado y desgastado.

Varje muskel, fiber och cell i deras kroppar var uttömd och sliten.

Y había una razón: habían recorrido dos mil quinientas millas.

Och det fanns en anledning – de hade tillryggalagt tjugofemhundra mil.

Habían descansado sólo cinco días durante las últimas mil ochocientas millas.

De hade bara vilat fem dagar under de sista artonhundra milen.

Cuando llegaron a Skaguay, parecían apenas capaces de mantenerse en pie.

När de nådde Skaguay såg det ut som om de knappt kunde
stå upprätta.
Se esforzaron por mantener las riendas tensas y permanecer
delante del trineo.
De kämpade för att hålla tyglarna spända och ligga steget före
släden.
En las bajadas sólo lograron evitar ser atropellados.
I nedförsbackar lyckades de bara undvika att bli överkörda.
"Sigan adelante, pobres pies doloridos", dijo el conductor
mientras cojeaban.
"Marschera på, stackars ömma fötter", sa kusken medan de
haltade fram.
"Este es el último tramo, luego todos tendremos un largo
descanso, seguro".
"Det här är sista sträckan, sedan får vi alla en lång vila, helt
klart."
"Un descanso verdaderamente largo", prometió mientras los
observaba tambalearse hacia adelante.
"En riktigt lång vila", lovade han och såg dem stappla framåt.
Los conductores esperaban que ahora tuvieran un descanso
largo y necesario.
Förarna förväntade sig att de nu skulle få en lång, välbehövlig
paus.
Habían recorrido mil doscientas millas con sólo dos días de
descanso.
De hade rest tolvhundra mil med bara två dagars vila.
Por justicia y razón, sintieron que se habían ganado tiempo
para relajarse.
Av rättvisa och förnuftiga skäl kände de att de hade förtjänat
tid att koppla av.
Pero eran demasiados los que habían llegado al Klondike y
muy pocos los que se habían quedado en casa.
Men för många hade kommit till Klondike, och för få hade
stannat hemma.
Las cartas de las familias llegaron en masa, creando
montañas de correo retrasado.

Brev från familjer strömmade in, vilket skapade högar av försenad post.

Llegaron órdenes oficiales: nuevos perros de la Bahía de Hudson tomarían el control.

Officiella order anlände – nya hundar från Hudson Bay skulle ta över.

Los perros exhaustos, ahora llamados inútiles, debían ser eliminados.

De utmattade hundarna, nu kallade värdelösa, skulle göras av med.

Como el dinero importaba más que los perros, los iban a vender a bajo precio.

Eftersom pengar var viktigare än hundar, skulle de säljas billigt.

Pasaron tres días más antes de que los perros sintieran lo débiles que estaban.

Tre dagar till gick innan hundarna kände hur svaga de var.

En la cuarta mañana, dos hombres de Estados Unidos compraron todo el equipo.

På den fjärde morgonen köpte två män från staterna hela laget.

La venta incluía todos los perros, además de sus arneses usados.

Försäljningen omfattade alla hundarna, plus deras begagnade seleutrustning.

Los hombres se llamaban entre sí "Hal" y "Charles" mientras completaban el trato.

Männen kallade varandra "Hal" och "Charles" när de slutförde affären.

Charles era un hombre de mediana edad, pálido, con labios flácidos y puntas de bigote feroces.

Charles var medelålders, blek, med slappa läppar och vildsint mustasch.

Hal era un hombre joven, de unos diecinueve años, que llevaba un cinturón lleno de cartuchos.

Hal var en ung man, kanske nitton, bar ett patronfyllt bälte.

El cinturón contenía un gran revólver y un cuchillo de caza, ambos sin usar.

Bältet innehöll en stor revolver och en jaktkniv, båda oanvända.

Esto demostró lo inexperto e inadecuado que era para la vida en el norte.

Det visade hur oerfaren och olämplig han var för livet i norr.

Ninguno de los dos pertenecía a la naturaleza; su presencia desafiaba toda razón.

Ingen av männen hörde hemma i vildmarken; deras närvaro trotsade allt förnuft.

Buck observó cómo el dinero intercambiaba manos entre el comprador y el agente.

Buck tittade på medan pengar utbyttes mellan köpare och mäklare.

Sabía que los conductores de trenes correos abandonaban su vida como el resto.

Han visste att postlokomotivförarna lämnade hans liv som alla andra.

Siguieron a Perrault y a François, ahora desaparecidos sin posibilidad de recuperación.

De följde Perrault och François, nu bortom all återkallelse.

Buck y el equipo fueron conducidos al descuidado campamento de sus nuevos dueños.

Buck och teamet leddes till sina nya ägares slarviga läger.

La tienda se hundía, los platos estaban sucios y todo estaba desordenado.

Tältet sänkte sig, disken var smutsig och allt låg i oordning.

Buck también notó que había una mujer allí: Mercedes, la esposa de Charles y hermana de Hal.

Buck lade också märke till en kvinna där – Mercedes, Charles fru och Hals syster.

Formaban una familia completa, aunque no eran aptos para el recorrido.

De utgjorde en komplett familj, men långt ifrån lämpade för leden.

Buck observó nervioso cómo el trío comenzó a empacar los suministros.

Buck tittade nervöst på medan trion började packa förnödenheterna.

Trabajaron duro, pero sin orden: sólo alboroto y esfuerzos desperdiciados.

De arbetade hårt men utan ordning – bara ståhej och bortkastad ansträngning.

La tienda estaba enrollada hasta formar un volumen demasiado grande para el trineo.

Tältet var rullat ihop till en klumpig form, alldeles för stort för släden.

Los platos sucios se empaquetaron sin limpiarlos ni secarlos.

Smutsig disk packades utan att ha rengjorts eller torkats alls.

Mercedes revoloteaba por todos lados, hablando, corrigiendo y entrometiéndose constantemente.

Mercedes fladdrade omkring, pratade, rättade och lade sig ständigt.

Cuando le ponían un saco en el frente, ella insistía en que lo pusieran en la parte de atrás.

När en säck placerades på framsidan insisterade hon på att den skulle placeras på baksidan.

Metió la bolsa en el fondo y al siguiente momento la necesitó.

Hon packade säcken i botten, och i nästa ögonblick behövde hon den.

De esta manera, el trineo fue desempaquetado nuevamente para alcanzar la bolsa específica.

Så packades släden upp igen för att nå den enda specifika väskan.

Cerca de allí, tres hombres estaban parados afuera de una tienda de campaña, observando cómo se desarrollaba la escena.

I närheten stod tre män utanför ett tält och såg händelsen utspela sig.

Sonrieron, guiñaron el ojo y sonrieron ante la evidente confusión de los recién llegados.

De log, blinkade och flinade åt nykomlingarnas uppenbara förvirring.

"Ya tienes una carga bastante pesada", dijo uno de los hombres.

"Du har redan en riktigt tung börda", sa en av männen.

"No creo que debas llevar esa tienda de campaña, pero es tu elección".

"Jag tycker inte att du ska bära det där tältet, men det är ditt val."

"¡Inimaginable!", exclamó Mercedes levantando las manos con desesperación.

"Odrömt!" ropade Mercedes och slog upp händerna i förtvivlan.

"¿Cómo podría viajar sin una tienda de campaña donde refugiarme?"

"Hur skulle jag kunna resa utan ett tält att bo i?"

"Es primavera, ya no volverás a ver el frío", respondió el hombre.

"Det är vår – du kommer inte att se kallt väder igen", svarade mannen.

Pero ella meneó la cabeza y ellos siguieron apilando objetos en el trineo.

Men hon skakade på huvudet, och de fortsatte att stapla saker på släden.

La carga se elevó peligrosamente a medida que añadían los últimos elementos.

Bården tornade upp sig farligt högt när de lade till de sista sakerna.

"¿Crees que el trineo se deslizará?" preguntó uno de los hombres con mirada escéptica.

"Tror du att släden kommer att gå?" frågade en av männen med en skeptisk blick.

"¿Por qué no debería?", replicó Charles con gran fastidio.

"Varför skulle det inte?" fräste Charles tillbaka med skarp irritation.

—Está bien —dijo rápidamente el hombre, alejándose un poco de la ofensa.

"Åh, det är okej", sa mannen snabbt och backade undan för att bli förolämpad.

"Solo me preguntaba, me pareció que tenía la parte superior demasiado pesada".

"Jag bara undrade – den såg bara lite för tung ut på toppen för mig."

Charles se dio la vuelta y ató la carga lo mejor que pudo.

Charles vände sig bort och band fast lasten så gott han kunde.

Pero las ataduras estaban sueltas y el embalaje en general estaba mal hecho.

Men surrningarna var lösa och packningen dåligt utförd överlag.

"Claro, los perros tirarán de eso todo el día", dijo otro hombre con sarcasmo.

"Visst, hundarna kommer att dra på det där hela dagen", sa en annan man sarkastiskt.

—Por supuesto —respondió Hal con frialdad, agarrando el largo palo del trineo.

"Självklart", svarade Hal kallt och grep tag i slädens långa gee-stång.

Con una mano en el poste, blandía el látigo con la otra.

Med ena handen på stången svingade han piskan i den andra.

"¡Vamos!", gritó. "¡Muévanse!", instando a los perros a empezar.

"Kom igen!" ropade han. "Flytta på dig!" och manade hundarna att sätta igång.

Los perros se inclinaron hacia el arnés y se tensaron durante unos instantes.

Hundarna lutade sig in i selen och ansträngde sig i några ögonblick.

Entonces se detuvieron, incapaces de mover ni un centímetro el trineo sobrecargado.

Sedan stannade de, oförmögna att röra den överlastade släden en centimeter.

—¡Esos brutos perezosos! —gritó Hal, levantando el látigo para golpearlos.

"De lata odjuren!" skrek Hal och lyfte piskan för att slå dem.

Pero Mercedes entró corriendo y le arrebató el látigo de las manos a Hal.

Men Mercedes rusade in och tog piskan ur Hals händer.

—Oh, Hal, no te atrevas a hacerles daño —gritó alarmada.

"Åh, Hal, våga inte skada dem", ropade hon förskräckt.

"Prométeme que serás amable con ellos o no daré un paso más".

"Lova mig att du ska vara snäll mot dem, annars går jag inte ett steg längre."

—No sabes nada de perros —le espetó Hal a su hermana.

"Du vet ingenting om hundar", fräste Hal åt sin syster.

"Son perezosos y la única forma de moverlos es azotándolos".

"De är lata, och det enda sättet att flytta dem är att piska dem."

"Pregúntale a cualquiera, pregúntale a uno de esos hombres de allí si dudas de mí".

"Fråga vem som helst – fråga någon av de där männen där borta om du tvivlar på mig."

Mercedes miró a los espectadores con ojos suplicantes y llorosos.

Mercedes tittade på åskådarna med bedjande, tårfyllda ögon.

Su rostro mostraba lo profundamente que odiaba ver cualquier dolor.

Hennes ansikte visade hur djupt hon avskydde synen av all smärta.

"Están débiles, eso es todo", dijo un hombre. "Están agotados".

"De är svaga, det är allt", sa en man. "De är utmattade."

"Necesitan descansar, han trabajado demasiado tiempo sin descansar".

"De behöver vila – de har arbetat för länge utan paus."

—Maldito sea el resto —murmuró Hal con el labio curvado.

"Må resten vara förbannad", muttrade Hal med krökt läpp.

Mercedes jadeó, visiblemente dolida por la grosera palabra que pronunció.

Mercedes kippade efter andan, tydligt smärtad av hans grova ord.

Aún así, ella se mantuvo leal y defendió instantáneamente a su hermano.

Ändå förblev hon lojal och försvarade omedelbart sin bror.

—No le hagas caso a ese hombre —le dijo a Hal—. Son nuestros perros.

"Bry dig inte om den mannen", sa hon till Hal. "De är våra hundar."

"Los conduces como mejor te parezca, haz lo que creas correcto".

"Du kör dem som du tycker passar – gör vad du anser vara rätt."

Hal levantó el látigo y volvió a golpear a los perros sin piedad.

Hal höjde piskan och slog hundarna igen utan nåd.

Se lanzaron hacia adelante, con el cuerpo agachado y los pies hundidos en la nieve.

De kastade sig framåt, med kropparna lågt nedböjda och fötterna nedtryckta i snön.

Ponían toda su fuerza en tirar, pero el trineo no se movía.

All deras kraft gick åt till att dra, men släden rörde sig inte.

El trineo quedó atascado, como un ancla congelada en la nieve compacta.

Kälken satt fast, som ett ankare som frusit fast i den packade snön.

Tras un segundo esfuerzo, los perros se detuvieron de nuevo, jadeando con fuerza.

Efter en andra ansträngning stannade hundarna igen, flåsande häftigt.

Hal levantó el látigo una vez más, justo cuando Mercedes interfirió nuevamente.

Hal höjde piskan ännu en gång, just som Mercedes ingrep igen.

Ella cayó de rodillas frente a Buck y abrazó su cuello.

Hon föll ner på knä framför Buck och kramade hans hals.

Las lágrimas llenaron sus ojos mientras le suplicaba al perro exhausto.

Tårar fyllde hennes ögon när hon vädjade till den utmattade hunden.

"Pobres queridos", dijo, "¿por qué no tiran más fuerte?"

"Ni stackars kära", sa hon, "varför drar ni inte bara hårdare?"

"Si tiras, no te azotarán así".

"Om du drar, så slipper du bli piskad så här."

A Buck no le gustaba Mercedes, pero estaba demasiado cansado para resistirse a ella ahora.

Buck ogillade Mercedes, men han var för trött för att göra motstånd mot henne nu.

Él aceptó sus lágrimas como una parte más de ese día miserable.

Han accepterade hennes tårar som bara ytterligare en del av den eländiga dagen.

Uno de los hombres que observaban finalmente habló después de contener su ira.

En av männen som tittade på talade äntligen efter att ha hållit tillbaka sin ilska.

"No me importa lo que les pase a ustedes, pero esos perros importan".

"Jag bryr mig inte om vad som händer med er, men de där hundarna spelar roll."

"Si quieres ayudar, suelta ese trineo: está congelado hasta la nieve".

"Om du vill hjälpa till, bryt loss den där släden – den är fastfrusen."

"Presiona con fuerza el polo G, derecha e izquierda, y rompe el sello de hielo".

"Tryck hårt på isstången, till höger och vänster, och bryt istätningen."

Se hizo un tercer intento, esta vez siguiendo la sugerencia del hombre.

Ett tredje försök gjordes, den här gången efter mannens förslag.

Hal balanceó el trineo de un lado a otro, soltando los patines.

Hal gungade släden från sida till sida och lossade medarna.

El trineo, aunque sobrecargado y torpe, finalmente avanzó con dificultad.

Kälken, fastän överlastad och otymplig, ryckte slutligen framåt.

Buck y los demás tiraron salvajemente, impulsados por una tormenta de latigazos.

Buck och de andra drog vilt, drivna av en storm av pisksnärtskor.

Cien metros más adelante, el sendero se curvaba y descendía hacia la calle.

Hundra meter framåt slingrade sig stigen och sluttade ner i gatan.

Se hubiera necesitado un conductor habilidoso para mantener el trineo en posición vertical.

Det skulle ha krävts en skicklig förare för att hålla släden upprätt.

Hal no era hábil y el trineo se volcó al girar en la curva.

Hal var inte skicklig, och släden tippade när den svängde runt kurvan.

Las ataduras sueltas cedieron y la mitad de la carga se derramó sobre la nieve.

Lösa surrningar gav vika, och hälften av lasten spilldes ut på snön.

Los perros no se detuvieron; el trineo, más ligero, siguió volando de lado.

Hundarna stannade inte; den lättare släden flög fram på sidan.

Enojados por el abuso y la pesada carga, los perros corrieron más rápido.

Ilska över misshandeln och den tunga bördan sprang hundarna snabbare.

Buck, furioso, echó a correr, con el equipo siguiéndolo detrás.

Buck, i raseri, började springa, med spannet efter.

Hal gritó "¡Guau! ¡Guau!", pero el equipo no le hizo caso.

Hal ropade "Whoa! Whoa!" men teamet brydde sig inte om honom.

Tropezó, cayó y fue arrastrado por el suelo por el arnés.

Han snubblade, föll och släpades längs marken i selen.

El trineo volcado saltó sobre él mientras los perros corrían delante.

Den omkullvälta släden stötte över honom medan hundarna rusade vidare.

El resto de los suministros se dispersaron por la concurrida calle de Skaguay.

Resten av förnödenheterna spreds över Skaguays livliga gata.

La gente bondadosa se apresuró a detener a los perros y recoger el equipo.

Vänliga människor skyndade sig för att stoppa hundarna och samla ihop utrustningen.

También dieron consejos, contundentes y prácticos, a los nuevos viajeros.

De gav också råd, raka och praktiska, till de nya resenärerna.

"Si quieres llegar a Dawson, lleva la mitad de la carga y el doble de perros".

"Om du vill nå Dawson, ta halva lasten och dubbla antalet hundar."

Hal, Charles y Mercedes escucharon, aunque no con entusiasmo.

Hal, Charles och Mercedes lyssnade, men inte med entusiasm.

Instalaron su tienda de campaña y comenzaron a clasificar sus suministros.

De slog upp sitt tält och började sortera sina förnödenheter.

Salieron alimentos enlatados, lo que hizo reír a carcajadas a los espectadores.

Ut kom konserver, vilket fick åskådarna att skratta högt.

"¿Enlatado en el camino? Te morirás de hambre antes de que se derrita", dijo uno.

"Konserver på leden? Du kommer att svälta innan det smälter", sa en av dem.

¿Mantas de hotel? Mejor tíralas todas.

"Hotellfiltar? Det är bättre att slänga ut dem alla."

"Si también deshazte de la tienda de campaña, aquí nadie lava los platos".

"Släng tältet också, så diskar ingen här."

¿Crees que estás viajando en un tren Pullman con sirvientes a bordo?

"Tror du att du åker Pullman-tåg med tjänare ombord?"

El proceso comenzó: todos los objetos inútiles fueron arrojados a un lado.

Processen började – varje onödigt föremål kastades åt sidan.

Mercedes lloró cuando sus maletas fueron vaciadas en el suelo nevado.

Mercedes grät när hennes väskor tömdes på den snötäckta marken.

Ella sollozaba por cada objeto que tiraba, uno por uno, sin pausa.

Hon snyftade över varje föremål som kastades ut, ett efter ett, utan uppehåll.

Ella juró no dar un paso más, ni siquiera por diez Charleses.

Hon svor att inte gå ett steg till – inte ens för tio karlar.

Ella le rogó a cada persona cercana que le permitiera conservar sus cosas preciosas.

Hon bad alla i närheten att låta henne behålla sina dyrbara saker.

Por último, se secó los ojos y comenzó a arrojar incluso la ropa más importante.

Till slut torkade hon sig om ögonen och började slänga även viktiga kläder.

Cuando terminó con los suyos, comenzó a vaciar los suministros de los hombres.

När hon var klar med sina egna började hon tömma männens förnödenheter.

Como un torbellino, destrozó las pertenencias de Charles y Hal.

Som en virvelvind slet hon sig igenom Charles och Hals tillhörigheter.

Aunque la carga se redujo a la mitad, todavía era mucho más pesada de lo necesario.

Även om lasten halverades var den fortfarande mycket tyngre än vad som behövdes.

Esa noche, Charles y Hal salieron y compraron seis perros nuevos.

Den kvällen gick Charles och Hal ut och köpte sex nya hundar.

Estos nuevos perros se unieron a los seis originales, además de Teek y Koona.

Dessa nya hundar anslöt sig till de ursprungliga sex, plus Teek och Koona.

Juntos formaron un equipo de catorce perros enganchados al trineo.

Tillsammans bildade de ett spann på fjorton hundar spända för släden.

Pero los nuevos perros no eran aptos y estaban mal entrenados para el trabajo con trineos.

Men de nya hundarna var olämpliga och dåligt tränade för slädarbete.

Tres de los perros eran pointers de pelo corto y uno era un Terranova.

Tre av hundarna var korthåriga pointers, och en var en newfoundland.

Los dos últimos perros eran mestizos, sin ninguna raza ni propósito claros.

De två sista hundarna var muttar utan någon tydlig ras eller syfte alls.

No entendieron el camino y no lo aprendieron rápidamente.

De förstod inte leden, och de lärde sig den inte snabbt.

Buck y sus compañeros los miraron con desprecio y profunda irritación.

Buck och hans kamrater iakttog dem med hån och djup irritation.

Aunque Buck les enseñó lo que no debían hacer, no podía enseñarles cuál era el deber.

Även om Buck lärde dem vad de inte skulle göra, kunde han inte lära dem plikt.

No se adaptaron bien a la vida en senderos ni al tirón de las riendas y los trineos.

De trivdes inte med livet på spåren eller dragandet i tyglar och slädar.

Sólo los mestizos intentaron adaptarse, e incluso a ellos les faltó espíritu de lucha.

Endast blandraserna försökte anpassa sig, och även de saknade kampanda.

Los demás perros estaban confundidos, debilitados y destrozados por su nueva vida.

De andra hundarna var förvirrade, försvagade och trasiga av sitt nya liv.

Con los nuevos perros desorientados y los viejos exhaustos, la esperanza era escasa.

Med de nya hundarna utan aning och de gamla utmattade var hoppet tunt.

El equipo de Buck había recorrido dos mil quinientas millas de senderos difíciles.

Bucks team hade tillryggalagt tjugofemhundra mil av karg stig.

Aún así, los dos hombres estaban alegres y orgullosos de su gran equipo de perros.

Ändå var de två männen glada och stolta över sitt stora hundspann.

Creían que viajaban con estilo, con catorce perros enganchados.

De tyckte att de reste med stil, med fjorton hundar kopplade.

Habían visto trineos partir hacia Dawson y otros llegar desde allí.

De hade sett slädar avgå till Dawson, och andra anlända därifrån.

Pero nunca habían visto uno tirado por tantos catorce perros.

Men aldrig hade de sett en dragen av så många som fjorton hundar.

Había una razón por la que equipos como ese eran raros en el desierto del Ártico.

Det fanns en anledning till att sådana lag var sällsynta i den arktiska vildmarken.

Ningún trineo podría transportar suficiente comida para alimentar a catorce perros durante el viaje.

Ingen släde kunde bära tillräckligt med mat för att föda fjorton hundar under resan.

Pero Charles y Hal no lo sabían: habían hecho los cálculos.

Men Charles och Hal visste inte det – de hade räknat ut det.

Planificaron la comida: tanta cantidad por perro, tantos días, y listo.

De skrev ut maten med blyertspenna: så mycket per hund, så många dagar, klart.

Mercedes miró sus figuras y asintió como si tuviera sentido.

Mercedes tittade på deras siffror och nickade som om det lät logiskt.

Todo le parecía muy sencillo, al menos en el papel.

Allt verkade väldigt enkelt för henne, åtminstone på pappret.

A la mañana siguiente, Buck guió al equipo lentamente por la calle nevada.

Nästa morgon ledde Buck teamet långsamt uppför den snötäckta gatan.

No había energía ni espíritu en él ni en los perros detrás de él.

Det fanns ingen energi eller anda i honom eller hundarna bakom honom.

Estaban muertos de cansancio desde el principio: no les quedaban reservas.

De var dödströtta från början – det fanns ingen reserv kvar.

Buck ya había hecho cuatro viajes entre Salt Water y Dawson.

Buck hade redan gjort fyra resor mellan Salt Water och Dawson.

Ahora, enfrentado nuevamente el mismo desafío, no sentía nada más que amargura.

Nu, inför samma spår igen, kände han inget annat än bitterhet.

Su corazón no estaba en ello, ni tampoco el corazón de los otros perros.

Hans hjärta var inte med i det, och inte heller de andra hundarnas hjärtan.

Los nuevos perros eran tímidos y los huskies carecían de confianza.

De nya hundarna var blyga, och huskyerna saknade all förtroende.

Buck sintió que no podía confiar en estos dos hombres ni en su hermana.

Buck kände att han inte kunde lita på dessa två män eller deras syster.

No sabían nada y no mostraron señales de aprender en el camino.

De visste ingenting och visade inga tecken på att ha lärt sig under resans gång.

Estaban desorganizados y carecían de cualquier sentido de disciplina.

De var oorganiserade och saknade all disciplin.

Les tomó media noche montar un campamento descuidado cada vez.

Det tog dem halva natten att slå upp ett slarvigt läger varje gång.

Y la mitad de la mañana siguiente la pasaron otra vez jugueteando con el trineo.

Och halva nästa morgon tillbringade de med att fumla med släden igen.

Al mediodía, a menudo se detenían simplemente para arreglar la carga desigual.

Vid middagstid stannade de ofta bara för att laga den ojämna lasten.

Algunos días, viajaron menos de diez millas en total.

Vissa dagar reste de mindre än tio mil totalt.

Otros días ni siquiera conseguían salir del campamento.

Andra dagar lyckades de inte lämna lägret alls.

Nunca llegaron a cubrir la distancia alimentaria planificada.

De kom aldrig i närheten av att täcka den planerade matdistansen.

Como era de esperar, muy rápidamente se quedaron sin comida para los perros.

Som väntat fick de snabbt ont om mat till hundarna.

Empeoró las cosas sobrealimentándolos en los primeros días.

De förvärrade saken genom att övermata dem i början.

Esto acercaba la hambruna con cada ración descuidada.

Detta förde svälten närmare med varje slarvig ranson.

Los nuevos perros no habían aprendido a sobrevivir con muy poco.

De nya hundarna hade inte lärt sig att överleva på särskilt lite.

Comieron con hambre, con apetitos demasiado grandes para el camino.

De åt hungrigt, med aptit för stor för leden.

Al ver que los perros se debilitaban, Hal creyó que la comida no era suficiente.

När Hal såg hundarna försvagas trodde han att maten inte räckte till.

Duplicó las raciones, empeorando aún más el error.

Han fördubblade ransonerna, vilket gjorde misstaget ännu värre.

Mercedes añadió más problemas con lágrimas y suaves súplicas.

Mercedes förvärrade problemet med tårar och mjuka vädjanden.

Cuando no pudo convencer a Hal, alimentó a los perros en secreto.

När hon inte kunde övertyga Hal, matade hon hundarna i hemlighet.

Ella robó de los sacos de pescado y se lo dio a sus espaldas.

Hon stal från fisksäckarna och gav det till dem bakom hans rygg.

Pero lo que los perros realmente necesitaban no era más comida: era descanso.

Men vad hundarna verkligen behövde var inte mer mat – det var vila.

Iban a poca velocidad, pero el pesado trineo aún seguía avanzando.

De hade dålig tid, men den tunga släden släpade sig fortfarande framåt.

Ese peso solo les quitaba las fuerzas que les quedaban cada día.

Bara den vikten tömde deras återstående styrka varje dag.

Luego vino la etapa de desalimentación ya que los suministros escasearon.

Sedan kom stadiet av undernäring när tillgångarna började ta slut.

Una mañana, Hal se dio cuenta de que la mitad de la comida para perros ya había desaparecido.

Hal insåg en morgon att hälften av hundmaten redan var slut.

Sólo habían recorrido una cuarta parte de la distancia total del recorrido.

De hade bara tillryggalagt en fjärdedel av den totala sträckan.

No se podía comprar más comida por ningún precio que se ofreciera.

Ingen mer mat kunde köpas, oavsett vilket pris som erbjöds.

Redujo las raciones de los perros por debajo de la ración diaria estándar.

Han minskade hundarnas portioner under den vanliga dagliga ransonen.

Al mismo tiempo, exigió viajes más largos para compensar las pérdidas.

Samtidigt krävde han längre resor för att kompensera för förlusten.

Mercedes y Carlos apoyaron este plan, pero fracasaron en su ejecución.

Mercedes och Charles stödde denna plan, men misslyckades med genomförandet.

Su pesado trineo y su falta de habilidad hicieron que el avance fuera casi imposible.

Deras tunga släde och brist på skicklighet gjorde framsteg nästan omöjliga.

Era fácil dar menos comida, pero imposible forzar más esfuerzo.

Det var lätt att ge mindre mat, men omöjligt att tvinga fram mer ansträngning.

No podían salir temprano ni tampoco viajar horas extras.

De kunde inte börja tidigt, och de kunde inte heller resa i extra timmar.

No sabían cómo trabajar con los perros, ni tampoco ellos mismos.

De visste inte hur man skulle arbeta med hundarna, och inte heller sig själva för den delen.

El primer perro que murió fue Dub, el desafortunado pero trabajador ladrón.

Den första hunden som dog var Dub, den olycklige men hårt arbetande tjuven.

Aunque a menudo lo castigaban, Dub había hecho su parte sin quejarse.

Även om Dub ofta blev straffad, hade han klarat sitt strå utan att klaga.

Su hombro lesionado empeoró sin cuidados ni necesidad de descanso.

Hans skadade axel förvärrades utan vård eller behövde vila.

Finalmente, Hal usó el revólver para acabar con el sufrimiento de Dub.

Slutligen använde Hal revolvern för att få slut på Dubs lidande.

Un dicho común afirma que los perros normales mueren con raciones para perros esquimales.

Ett vanligt talesätt hävdade att vanliga hundar dör på huskyransoner.

Los seis nuevos compañeros de Buck tenían sólo la mitad de la porción de comida del husky.

Bucks sex nya följeslagare fick bara hälften av huskyens andel av mat.

Primero murió el Terranova y después los tres bracos de pelo corto.

Newfoundländaren dog först, sedan de tre korthåriga pointerarna.

Los dos mestizos resistieron más tiempo pero finalmente perecieron como el resto.

De två blandraserna höll ut längre men omkom slutligen liksom de andra.

Para entonces, todas las comodidades y la dulzura de Southland habían desaparecido.

Vid det här laget var alla bekvämligheter och den vänliga atmosfären i Southland borta.

Las tres personas habían perdido los últimos vestigios de su educación civilizada.

De tre personerna hade lagt de sista spåren av sin civiliserade uppväxt ifrån sig.

Despojado de glamour y romance, el viaje al Ártico se volvió brutalmente real.

Utan glamour och romantik blev resor i Arktis brutalt verkliga.

Era una realidad demasiado dura para su sentido de masculinidad y feminidad.

Det var en verklighet som var alltför hård för deras känsla av manlighet och kvinnlighet.

Mercedes ya no lloraba por los perros, ahora lloraba sólo por ella misma.

Mercedes grät inte längre över hundarna, utan grät nu bara över sig själv.

Pasó su tiempo llorando y peleando con Hal y Charles.

Hon tillbringade sin tid med att gråta och gräla med Hal och Charles.

Pelear era lo único que nunca estaban demasiado cansados para hacer.

Att gräla var det enda de aldrig var för trötta för att göra.

Su irritabilidad surgió de la miseria, creció con ella y la superó.

Deras irritabilitet kom från eländet, växte med det och överträffade det.

La paciencia del camino, conocida por quienes trabajan y sufren con bondad, nunca llegó.

Tålamodet på stigen, känt för dem som sliter och lider vänligt, kom aldrig.

Esa paciencia que conserva dulce la palabra a pesar del dolor les era desconocida.

Det tålamod, som håller talet sött trots smärta, var okänt för dem.

No tenían ni un ápice de paciencia ni la fuerza que suponía sufrir con gracia.

De hade ingen tillstymmelse till tålamod, ingen styrka hämtad från lidande med nåd.

Estaban rígidos por el dolor: les dolían los músculos, los huesos y el corazón.

De var stela av smärta – värkande i muskler, ben och hjärtan.

Por eso se volvieron afilados de lengua y rápidos para usar palabras ásperas.

På grund av detta blev de skarpa i tungan och snabba med hårda ord.

Cada día comenzaba y terminaba con voces enojadas y amargas quejas.

Varje dag började och slutade med ilskna röster och bittra klagomål.

Charles y Hal discutían cada vez que Mercedes les daba una oportunidad.

Charles och Hal bråkade närhelst Mercedes gav dem en chans.

Cada hombre creía que hacía más de lo que le correspondía en el trabajo.

Varje man trodde att han gjorde mer än sin rättmätiga del av arbetet.

Ninguno de los dos perdió la oportunidad de decirlo una y otra vez.

Ingen av dem missade någonsin en chans att säga det, om och om igen.

A veces Mercedes se ponía del lado de Charles, a veces del lado de Hal.

Ibland ställde Mercedes sig på Charles sida, ibland på Hals sida.

Esto dio lugar a una gran e interminable disputa entre los tres.

Detta ledde till ett storslaget och oändligt gräl mellan de tre.

Una disputa sobre quién debería cortar leña se salió de control.

En tvist om vem som skulle hugga ved växte överstyr.

Pronto se nombraron padres, madres, primos y parientes muertos.

Snart namngavs fäder, mödrar, kusiner och avlidna släktingar.

Las opiniones de Hal sobre el arte o las obras de su tío se convirtieron en parte de la pelea.

Hals åsikter om konst eller hans farbrors pjäser blev en del av kampen.

Las creencias políticas de Charles también entraron en el debate.

Charles politiska övertygelser kom också in i debatten.

Para Mercedes, incluso los chismes de la hermana de su marido parecían relevantes.

För Mercedes verkade till och med hennes mans systers skvaller relevanta.

Ella expresó sus opiniones sobre eso y sobre muchos de los defectos de la familia de Charles.

Hon luftade åsikter om det och om många av Charles familjs brister.

Mientras discutían, el fuego permaneció apagado y el campamento medio montado.

Medan de grälade förblev elden släckt och lägret halvfärdigt.

Mientras tanto, los perros permanecieron fríos y sin comida.

Under tiden förblev hundarna kalla och utan mat.

Mercedes tenía un motivo de queja que consideraba profundamente personal.

Mercedes hade ett klagomål som hon ansåg vara djupt personligt.

Se sintió maltratada como mujer, negándole sus privilegios de gentileza.

Hon kände sig illa behandlad som kvinna, nekad sina vänliga
privilegier.

**Ella era bonita y dulce, y acostumbrada a la caballerosidad
toda su vida.**

Hon var vacker och mjuk, och van vid ridderlighet hela sitt
liv.

**Pero su marido y su hermano ahora la trataban con
impaciencia.**

Men hennes man och bror behandlade henne nu med
otålighet.

**Su costumbre era actuar con impotencia y comenzaron a
quejarse.**

Hennes vana var att bete sig hjälplös, och de började klaga.

Ofendida por esto, les hizo la vida aún más difícil.

Kränkt av detta gjorde hon deras liv ännu svårare.

**Ella ignoró a los perros e insistió en montar ella misma el
trineo.**

Hon ignorerade hundarna och insisterade på att åka släde
själv.

**Aunque parecía ligera de aspecto, pesaba ciento veinte
libras.**

Även om hon var lätt till utseendet vägde hon 45 kilo.

**Esa carga adicional era demasiado para los perros
hambrientos y débiles.**

Den extra bördan var för mycket för de svältande, svaga
hundarna.

**Aún así, ella cabalgó durante días, hasta que los perros se
desplomaron en las riendas.**

Ändå red hon i dagar, tills hundarna kollapsade i tyglarna.

El trineo se detuvo y Charles y Hal le rogaron que caminara.

Släden stod stilla, och Charles och Hal bad henne att gå.

**Ellos suplicaron y rogaron, pero ella lloró y los llamó
crueles.**

De vädjade och bönföll, men hon grät och kallade dem
grymma.

En una ocasión la sacaron del trineo con pura fuerza y enojo.

Vid ett tillfälle drog de henne av släden med ren kraft och ilska.

Nunca volvieron a intentarlo después de lo que pasó aquella vez.

De försökte aldrig igen efter det som hände den gången.

Ella se quedó flácida como un niño mimado y se sentó en la nieve.

Hon slapp som ett bortskämt barn och satte sig i snön.

Ellos siguieron adelante, pero ella se negó a levantarse o seguirlos.

De gick vidare, men hon vägrade att resa sig eller följa efter.

Después de tres millas, se detuvieron, regresaron y la llevaron de regreso.

Efter tre mil stannade de, återvände och bar henne tillbaka.

La volvieron a cargar en el trineo, nuevamente usando la fuerza bruta.

De lastade henne om på släden, återigen med råstyrka.

En su profunda miseria, fueron insensibles al sufrimiento de los perros.

I sin djupa elände var de okänsliga för hundarnas lidande.

Hal creía que uno debía endurecerse y forzar esa creencia a los demás.

Hal trodde att man måste förhärdas och tvingade den tron på andra.

Primero intentó predicar su filosofía a su hermana.

Han försökte först predika sin filosofi för sin syster

y luego, sin éxito, le predicó a su cuñado.

och sedan, utan framgång, predikade han för sin svåger.

Tuvo más éxito con los perros, pero sólo porque los lastimaba.

Han hade större framgång med hundarna, men bara för att han skadade dem.

En Five Fingers, la comida para perros se quedó completamente sin comida.

På Five Fingers tog hundmaten slut helt.

Una vieja india desdentada vendió unas cuantas libras de cuero de caballo congelado

En tandlös gammal squat sålde några kilo fryst hästskinn
Hal cambió su revólver por la piel de caballo seca.
Hal bytte sin revolver mot det torkade hästskinnet.
**La carne había procedido de caballos hambrientos de
ganaderos meses antes.**
Köttet hade kommit från svältande hästar eller
boskapsuppfödare månader tidigare.
**Congelada, la piel era como hierro galvanizado: dura y
incomestible.**
Fryst var huden som galvaniserat järn; seg och oätlig.
**Los perros tenían que masticar sin parar la piel para poder
comérsela.**
Hundarna var tvungna att tugga oavbrutet på skinnet för att
äta det.
**Pero las cuerdas correosas y el pelo corto no constituían
apenas alimento.**
Men de läderartade strängarna och det korta håret var
knappast näring.
**La mayor parte de la piel era irritante y no era alimento en
ningún sentido estricto.**
Det mesta av huden var irriterande, och inte mat i någon
egentlig bemärkelse.
**Y durante todo ese tiempo, Buck se tambaleaba al frente,
como en una pesadilla.**
Och genom alltihop stapplade Buck framme, som i en
mardröm.
**Tiraba cuando podía, y cuando no, se quedaba tendido hasta
que un látigo o un garrote lo levantaban.**
Han drog när han kunde; när han inte kunde, låg han kvar
tills piska eller klubba lyfte honom.
**Su fino y brillante pelaje había perdido toda la rigidez y
brillo que alguna vez tuvo.**
Hans fina, glansiga päls hade förlorat all stelhet och glans den
en gång haft.
**Su cabello colgaba lacio, enmarañado y cubierto de sangre
seca por los golpes.**

Hans hår hängde slappt, släpigt och koagulerat av torkat blod från slagen.

Sus músculos se encogieron hasta convertirse en cuerdas y sus almohadillas de carne estaban todas desgastadas.

Hans muskler krympte till strängar, och hans köttytor var alla slitna bort.

Cada costilla, cada hueso se veía claramente a través de los pliegues de la piel arrugada.

Varje revben, varje ben syntes tydligt genom vecken av rynkig hud.

Fue desgarrador, pero el corazón de Buck no podía romperse.

Det var hjärtskärande, men Bucks hjärta kunde inte krossas.

El hombre del suéter rojo lo había probado y demostrado hacía mucho tiempo.

Mannen i den röda tröjan hade testat det och bevisat det för länge sedan.

Tal como sucedió con Buck, sucedió con el resto de sus compañeros de equipo.

Som det var med Buck, så var det med alla hans återstående lagkamrater.

Eran siete en total, cada uno de ellos un esqueleto andante de miseria.

Det var sju totalt, var och en ett vandrande skelett av elände.

Se habían vuelto insensibles a los latigazos y solo sentían un dolor distante.

De hade blivit avdomnade för att kunna piska och kände bara avlägsen smärta.

Incluso la vista y el sonido les llegaban débilmente, como a través de una espesa niebla.

Till och med syn och ljud nådde dem svagt, som genom en tjock dimma.

No estaban ni medio vivos: eran huesos con tenues chispas en su interior.

De var inte halvt levande – de var ben med svaga gnistor inuti.

Al detenerse, se desplomaron como cadáveres y sus chispas casi desaparecieron.

När de stannade kollapsade de som lik, deras gnistor nästan borta.

Y cuando el látigo o el garrote volvían a golpear, las chispas revoloteaban débilmente.

Och när piskan eller klubban slog till igen, fladdrade gnistorna svagt.

Entonces se levantaron, se tambalearon hacia adelante y arrastraron sus extremidades hacia delante.

Sedan reste de sig, stapplade framåt och släpade sina lemmar framåt.

Un día el amable Billee se cayó y ya no pudo levantarse.

En dag föll den snälle Billee och kunde inte längre resa sig alls.

Hal había cambiado su revólver, por lo que utilizó un hacha para matar a Billee.

Hal hade bytt bort sin revolver, så han använde en yxa för att döda Billee istället.

Lo golpeó en la cabeza, luego le cortó el cuerpo y se lo llevó arrastrado.

Han slog honom i huvudet, skar sedan loss hans kropp och släpade bort den.

Buck vio esto, y también los demás; sabían que la muerte estaba cerca.

Buck såg detta, och det gjorde även de andra; de visste att döden var nära.

Al día siguiente Koona se fue, dejando sólo cinco perros en el equipo hambriento.

Nästa dag åkte Koona och lämnade bara fem hundar i det svältande spannet.

Joe, que ya no era malo, estaba demasiado perdido como para darse cuenta de gran cosa.

Joe, inte längre elak, var för långt borta för att vara medveten om särskilt mycket alls.

Pike, que ya no fingía su lesión, estaba apenas consciente.

Pike, som inte längre fejkade sin skada, var knappt medveten.

Solleks, todavía fiel, lamentó no tener fuerzas para dar.

Solleks, fortfarande trogen, sörjde att han inte hade någon styrka att ge.

Teek fue el que más perdió porque estaba más fresco, pero su rendimiento se estaba agotando rápidamente.

Teek blev mest slagen för att han var fräschare, men tynade bort snabbt.

Y Buck, todavía a la cabeza, ya no mantenía el orden ni lo hacía cumplir.

Och Buck, fortfarande i ledningen, höll inte längre ordningen eller upprätthöll den.

Medio ciego por la debilidad, Buck siguió el rastro sólo por el tacto.

Halvblind av svaghet följde Buck spåret ensam på känslan.

Era un hermoso clima primaveral, pero ninguno de ellos lo notó.

Det var vackert vårväder, men ingen av dem märkte det.

Cada día el sol salía más temprano y se ponía más tarde que el anterior.

Varje dag gick solen upp tidigare och ner senare än tidigare.

A las tres de la mañana ya había amanecido; el crepúsculo duró hasta las nueve.

Vid tre på morgonen hade gryningen kommit; skymningen varade till nio.

Los largos días estuvieron llenos del resplandor del sol primaveral.

De långa dagarna var fyllda av vårsolens fulla strålar.

El silencio fantasmal del invierno se había transformado en un cálido murmullo.

Vinterns spöklika tystnad hade förvandlats till ett varmt sorl.

Toda la tierra estaba despertando, viva con la alegría de los seres vivos.

Hela landet vaknade, levande av glädjen över levande varelser.

El sonido provenía de lo que había permanecido muerto e inmóvil durante el invierno.

Ljudet kom från det som hade legat dött och stilla genom vintern.

Ahora, esas cosas se movieron nuevamente, sacudiéndose el largo sueño helado.

Nu rörde sig de där sakerna igen och skakade av sig den långa frostsömnen.

La savia subía a través de los oscuros troncos de los pinos que esperaban.

Sav steg upp genom de mörka stammarna på de väntande tallarna.

Los sauces y los álamos brotan brillantes y jóvenes brotes en cada ramita.

Pil och aspar slår ut ljusa unga knoppar på varje kvist.

Los arbustos y las enredaderas se vistieron de un verde fresco a medida que el bosque cobraba vida.

Buskar och vinrankor fick frisk grönska när skogen vaknade till liv.

Los grillos cantaban por la noche y los insectos se arrastraban bajo el sol del día.

Syrsor kvittrade på natten, och insekter kröp i dagsljussolen.

Las perdices graznaban y los pájaros carpinteros picoteaban en lo profundo de los árboles.

Rapphöns dundrade, och hackspettar knackade djupt uppe i träden.

Las ardillas parloteaban, los pájaros cantaban y los gansos graznaban al hablarles a los perros.

Ekorrar kvittrade, fåglar sjöng och gäss tutade över hundarna.

Las aves silvestres llegaron en grupos afilados, volando desde el sur.

Vildfåglarna kom i vassa flockar, flygande upp från söder.

De cada ladera llegaba la música de arroyos ocultos y caudalosos.

Från varje sluttning hördes musiken från dolda, forsande bäckar.

Todas las cosas se descongelaron y se rompieron, se doblaron y volvieron a ponerse en movimiento.

Allt tinade och brast av, böjde sig och började röra sig igen.

El Yukón se esforzó por romper las frías cadenas del hielo congelado.

Yukon ansträngde sig för att bryta den frusna isens kalla kedjor.

El hielo se derritió desde abajo, mientras que el sol lo derritió desde arriba.

Isen smälte under, medan solen smälte den ovanifrån.

Se abrieron agujeros de aire, se abrieron grietas y algunos trozos cayeron al río.

Lufthål öppnades, sprickor spred sig och bitar föll ner i floden.

En medio de toda esta vida frenética y llameante, los viajeros se tambaleaban.

Mitt i allt detta sprudlande och flammande liv vacklade resenärerna.

Dos hombres, una mujer y una jauría de perros esquimales caminaban como muertos.

Två män, en kvinna och ett flock huskyer gick som döda.

Los perros caían, Mercedes lloraba, pero seguía montando el trineo.

Hundarna föll, Mercedes grät, men åkte fortfarande släden.

Hal maldijo débilmente y Charles parpadeó con los ojos llorosos.

Hal svor svagt, och Charles blinkade genom tårfyllda ögon.

Se toparon con el campamento de John Thornton junto a la desembocadura del río Blanco.

De snubblade in i John Thorntons läger vid White Rivers mynning.

Cuando se detuvieron, los perros cayeron al suelo, como si todos hubieran muerto.

När de stannade föll hundarna platt, som om alla hade slagit döda.

Mercedes se secó las lágrimas y miró a John Thornton.

Mercedes torkade tårarna och tittade bort på John Thornton.

Charles se sentó en un tronco, lenta y rígidamente, dolorido por el camino.

Charles satt långsamt och stelt på en stock, värkande av stigen.

Hal habló mientras Thornton tallaba el extremo del mango de un hacha.

Hal skötte snacket medan Thornton högg ut änden av ett yxskaft.

Él tallaba madera de abedul y respondía con respuestas breves y firmes.

Han täljde björkved och svarade med korta, bestämda svar.

Cuando se le preguntó, dio consejos, seguro de que no serían seguidos.

När han blev tillfrågad gav han råd, säker på att de inte skulle följas.

Hal explicó: "Nos dijeron que el hielo del sendero se estaba desprendiendo".

Hal förklarade: "De sa att isen på leden höll på att försvinna."

Dijeron que nos quedáramos allí, pero llegamos a White River.

"De sa att vi skulle stanna kvar – men vi kom fram till White River."

Terminó con un tono burlón, como para proclamar la victoria en medio de las dificultades.

Han avslutade med en hånfull ton, som för att utkräva seger i nöden.

—Y te dijeron la verdad —respondió John Thornton a Hal en voz baja.

"Och de sa sanningen", svarade John Thornton tyst till Hal.

"El hielo puede ceder en cualquier momento; está a punto de desprenderse".

"Isen kan ge vika när som helst – den är redo att falla ur."

"Solo la suerte ciega y los tontos pudieron haber llegado tan lejos con vida".

"Bara blind tur och dårar kunde ha klarat sig så här långt med livet i behåll."

"Te lo digo directamente: no arriesgaría mi vida ni por todo el oro de Alaska".

"Jag säger dig ärligt, jag skulle inte riskera mitt liv för allt Alaskas guld."

—Supongo que es porque no eres tonto —respondió Hal.

"Det är för att du inte är en dåre, antar jag", svarade Hal.

—De todos modos, seguiremos hasta Dawson. —Desenrolló
el látigo.

"I alla fall går vi vidare till Dawson." Han rullade ut sin piska.

—¡Sube, Buck! ¡Hola! ¡Sube! ¡Vamos! —gritó con dureza.

"Upp dit, Buck! Hej! Upp! Kom igen!" ropade han barskt.

Thornton siguió tallando madera, sabiendo que los tontos
no escucharían razones.

Thornton fortsatte att snickra, i vetskap om att dårar inte
lyssnar på förnuft.

Detener a un tonto era inútil, y dos o tres tontos no
cambiaban nada.

Att stoppa en dåre var meningslöst – och två eller tre lurade
förändrade ingenting.

Pero el equipo no se movió ante la orden de Hal.

Men laget rörde sig inte vid ljudet av Hals befallning.

A estas alturas, sólo los golpes podían hacerlos levantarse y
avanzar.

Vid det här laget kunde bara slag få dem att resa sig och dra
sig framåt.

El látigo golpeó una y otra vez a los perros debilitados.

Piskan smällde gång på gång över de försvagade hundarna.

John Thornton apretó los labios con fuerza y observó en
silencio.

John Thornton tryckte läpparna hårt och tittade tyst.

Solleks fue el primero en ponerse de pie bajo el látigo.

Solleks var den förste som kröp upp under pickslaget.

Entonces Teek lo siguió, temblando. Joe gritó al tambalearse.

Sedan följde Teek efter, darrande. Joe skrek till när han
stapplade upp.

Pike intentó levantarse, falló dos veces y finalmente se
mantuvo en pie, tambaleándose.

Pike försökte resa sig, misslyckades två gånger, men stod
slutligen ostadig.

Pero Buck yacía donde había caído, sin moverse en absoluto
este momento.

Men Buck låg där han hade fallit, och rörde sig inte alls den
här gången.

El látigo lo golpeaba una y otra vez, pero él no emitía ningún sonido.

Piskan högg honom om och om igen, men han gav ifrån sig inget ljud.

Él no se inmutó ni se resistió, simplemente permaneció quieto y en silencio.

Han varken ryckte till eller gjorde motstånd, utan förblev bara stilla och tyst.

Thornton se movió más de una vez, como si fuera a hablar, pero no lo hizo.

Thornton rörde sig mer än en gång, som för att tala, men gjorde det inte.

Sus ojos se humedecieron y el látigo siguió golpeando contra Buck.

Hans ögon blev våta, och piskan smällde fortfarande mot Buck.

Finalmente, Thornton comenzó a caminar lentamente, sin saber qué hacer.

Till slut började Thornton gå långsamt fram och tillbaka, osäker på vad han skulle göra.

Era la primera vez que Buck fallaba y Hal se puso furioso.

Det var första gången Buck hade misslyckats, och Hal blev rasande.

Dejó el látigo y en su lugar tomó el pesado garrote.

Han kastade ner piskan och plockade upp den tunga klubban istället.

El palo de madera cayó con fuerza, pero Buck todavía no se levantó para moverse.

Träklubban föll hårt ner, men Buck reste sig fortfarande inte för att röra sig.

Al igual que sus compañeros de equipo, era demasiado débil, pero más que eso.

Liksom sina lagkamrater var han för svag – men mer än så.

Buck había decidido no moverse, sin importar lo que sucediera después.

Buck hade bestämt sig för att inte röra sig, oavsett vad som skulle hända härnäst.

Sintió algo oscuro y seguro flotando justo delante.

Han kände något mörkt och säkert sväva alldeles framför honom.

Ese miedo se apoderó de él tan pronto como llegó a la orilla del río.

Den skräcken hade gripit honom så snart han nådde flodstranden.

La sensación no lo había abandonado desde que sintió el hielo fino bajo sus patas.

Känslan hade inte lämnat honom sedan han känt isen tunnna under tassarna.

Algo terrible lo esperaba; lo sintió más allá del camino.

Något fruktansvärt väntade – han kände det alldeles längre ner på stigen.

No iba a caminar hacia esa cosa terrible que había delante.

Han tänkte inte gå mot den där hemska saken framför sig

Él no iba a obedecer ninguna orden que lo llevara a esa cosa.

Han tänkte inte lyda någon befallning som ledde honom till den saken.

El dolor de los golpes apenas lo afectaba ahora: estaba demasiado lejos.

Smärtan från slagen rörde honom knappt nu – han var för långt borta.

La chispa de la vida parpadeaba débilmente y se apagaba bajo cada golpe cruel.

Livsgnistan fladdrade lågt, fördunklad under varje grymt slag.

Sus extremidades se sentían distantes; su cuerpo entero parecía pertenecer a otro.

Hans lemmar kändes avlägsna; hela hans kropp tycktes tillhöra en annan.

Sintió un extraño entumecimiento mientras el dolor desapareció por completo.

Han kände en märklig domning när smärtan försvann helt.

Desde lejos, sentía que lo golpeaban, pero apenas lo sabía.

På långt håll kände han att han blev slagen, men visste knappt.

Podía oír los golpes débilmente, pero ya no dolían realmente.

Han kunde höra dunsarna svagt, men de gjorde inte längre riktigt ont.

Los golpes dieron en el blanco, pero su cuerpo ya no parecía el suyo.

Slagen träffade honom, men hans kropp kändes inte längre som hans egen.

Entonces, de repente y sin previo aviso, John Thornton lanzó un grito salvaje.

Sedan plötsligt, utan förvarning, utstötte John Thornton ett vilt rop.

Era un grito inarticulado, más el grito de una bestia que el de un hombre.

Det var oartikulerat, mer ett odjurs än en människas rop.

Saltó hacia el hombre con el garrote y tiró a Hal hacia atrás.

Han hoppade på mannen med klubban och slog Hal bakåt.

Hal voló como si lo hubiera golpeado un árbol y aterrizó con fuerza en el suelo.

Hal flög som om han blivit träffad av ett träd och landade hårt på marken.

Mercedes gritó en pánico y se llevó las manos a la cara.

Mercedes skrek högt i panik och höll sig för hennes ansikte.

Charles se limitó a mirar, se secó los ojos y permaneció sentado.

Charles bara tittade på, torkade sig om ögonen och stannade kvar.

Su cuerpo estaba demasiado rígido por el dolor para levantarse o ayudar en la pelea.

Hans kropp var för stel av smärta för att resa sig eller hjälpa till i kampen.

Thornton se quedó de pie junto a Buck, temblando de furia, incapaz de hablar.

Thornton stod över Buck, darrande av ilska, oförmögen att tala.

Se estremeció de rabia y luchó por encontrar su voz a través de ella.

Han skakade av ilska och kämpade för att hitta sin röst genom den.

—Si vuelves a golpear a ese perro, te mataré —dijo finalmente.

"Om du slår den där hunden igen, så dödar jag dig", sa han till slut.

Hal se limpió la sangre de la boca y volvió a avanzar.

Hal torkade blodet från munnen och kom fram igen.

—Es mi perro —murmuró—. ¡Quítate del medio o te curaré!

"Det är min hund", muttrade han. "Gå ur vägen, annars fixar jag dig."

"Voy a Dawson y no me lo vas a impedir", añadió.

"Jag ska till Dawson, och du kommer inte att hindra mig", tillade han.

Thornton se mantuvo firme entre Buck y el joven enojado.

Thornton stod stadigt mellan Buck och den arga unge mannen.

No tenía intención de hacerse a un lado o dejar pasar a Hal.

Han hade ingen avsikt att stiga åt sidan eller låta Hal gå förbi.

Hal sacó su cuchillo de caza, largo y peligroso en la mano.

Hal drog fram sin jaktkniv, lång och farlig i handen.

Mercedes gritó, luego lloró y luego rió con una histeria salvaje.

Mercedes skrek, sedan grät, sedan skrattade i vild hysteri.

Thornton golpeó la mano de Hal con el mango de su hacha, fuerte y rápido.

Thornton slog Hals hand med sitt yxskaft, hårt och snabbt.

El cuchillo se soltó del agarre de Hal y voló al suelo.

Kniven lossnade från Hals grepp och flög till marken.

Hal intentó recoger el cuchillo y Thornton volvió a golpearle los nudillos.

Hal försökte lyfta kniven, och Thornton knackade igen med knogarna.

Entonces Thornton se agachó, agarró el cuchillo y lo sostuvo.

Sedan böjde sig Thornton ner, tog kniven och höll den.

Con dos rápidos golpes del mango del hacha, cortó las riendas de Buck.

Med två snabba hugg med yxskaftet högg han av Bucks tyglar.

Hal ya no tenía fuerzas para luchar y se apartó del perro.

Hal hade ingen kamp kvar i sig och tog ett steg tillbaka från hunden.

Además, Mercedes necesitaba ahora ambos brazos para mantenerse erguida.

Dessutom behövde Mercedes båda armarna nu för att hålla sig upprätt.

Buck estaba demasiado cerca de la muerte como para volver a ser útil para tirar de un trineo.

Buck var för nära döden för att kunna dra en släde igen.

Unos minutos después, se marcharon y se dirigieron río abajo.

Några minuter senare drog de ut och styrde nerför floden.

Buck levantó la cabeza débilmente y los observó mientras salían del banco.

Buck lyfte svagt huvudet och såg dem lämna banken.

Pike lideró el equipo, con Solleks en la parte trasera, al volante.

Pike ledde laget, med Solleks längst bak i ratten.

Joe y Teek caminaron entre ellos, ambos cojeando por el cansancio.

Joe och Teek gick emellan, båda haltande av utmattning.

Mercedes se sentó en el trineo y Hal agarró el largo palo.

Mercedes satte sig på släden, och Hal grep tag i den långa gee-staven.

Charles se tambaleó detrás, sus pasos torpes e inseguros.

Charles stapplade bakom, hans steg klumpiga och osäkra.

Thornton se arrodilló junto a Buck y buscó con delicadeza los huesos rotos.

Thornton knäböjde bredvid Buck och kände försiktigt efter brutna ben.

Sus manos eran ásperas pero se movían con amabilidad y cuidado.

Hans händer var grova men rörde sig med vänlighet och omsorg.

El cuerpo de Buck estaba magullado pero no mostraba lesiones duraderas.

Bucks kropp var blåmärkt men visade inga bestående skador.

Lo que quedó fue un hambre terrible y una debilidad casi total.

Det som återstod var fruktansvärd hunger och nästan total svaghet.

Cuando esto quedó claro, el trineo ya había avanzado mucho río abajo.

När detta var klart hade släden kört långt nedströms.

El hombre y el perro observaron cómo el trineo se deslizaba lentamente sobre el hielo agrietado.

Man och hund såg släden sakta krypa över den sprickande isen.

Luego vieron que el trineo se hundía en un hueco.

Sedan såg de släden sjunka ner i en hålighet.

El mástil voló hacia arriba, con Hal todavía aferrándose a él en vano.

Gee-stången flög upp, med Hal fortfarande förgäves klamrande sig fast vid den.

El grito de Mercedes les llegó a través de la fría distancia.

Mercedes skrik nådde dem över den kalla fjärran.

Charles se giró y dio un paso atrás, pero ya era demasiado tarde.

Charles vände sig om och tog ett steg tillbaka – men han var för sent ute.

Una capa de hielo entera cedió y todos ellos cayeron al suelo.

En hel inlandsis gav vika, och de föll alla igenom.

Los perros, los trineos y las personas desaparecieron en el agua negra que había debajo.

Hundar, släde och människor försvann ner i det svarta vattnet nedanför.

En el hielo por donde habían pasado sólo quedaba un amplio agujero.

Endast ett brett hål i isen fanns kvar där de hade passerat.

El sendero se había hundido por completo, tal como Thornton había advertido.

Stigens botten hade fallit ut – precis som Thornton varnade för.

Thornton y Buck se miraron el uno al otro y guardaron silencio por un momento.

Thornton och Buck tittade på varandra, tysta en stund.

—Pobre diablo —dijo Thornton suavemente, y Buck le lamió la mano.

"Din stackars djävul", sa Thornton mjukt, och Buck slickade hans hand.

Por el amor de un hombre
För en mans kärlek

John Thornton se congeló los pies en el frío del diciembre anterior.
John Thornton frös om fötterna i kylan från föregående december.

Sus compañeros lo hicieron sentir cómodo y lo dejaron recuperarse solo.
Hans partners gjorde det bekvämt för honom och lät honom återhämta sig ensam.

Subieron al río para recoger una balsa de troncos para aserrar para Dawson.
De gick uppför floden för att samla en flotte sågtimmer åt Dawson.

Todavía cojeaba ligeramente cuando rescató a Buck de la muerte.
Han haltade fortfarande lite när han räddade Buck från döden.

Pero como el clima cálido continuó, incluso esa cojera desapareció.
Men med det fortsatta varma vädret försvann även den haltandet.

Durante los largos días de primavera, Buck descansaba a orillas del río.
Liggande vid flodstranden under långa vårdagar vilade Buck.

Observó el agua fluir y escuchó a los pájaros y a los insectos.
Han tittade på det strömmande vattnet och lyssnade på fåglar och insekter.

Lentamente, Buck recuperó su fuerza bajo el sol y el cielo.
Sakta men säkert återfick Buck sin styrka under solen och himlen.

Un descanso fue maravilloso después de viajar tres mil millas.
En vila kändes underbar efter att ha rest tre tusen mil.

Buck se volvió perezoso a medida que sus heridas sanaban y su cuerpo se llenaba.

Buck blev lat när hans sår läkte och hans kropp fylldes ut.

Sus músculos se reafirmaron y la carne volvió a cubrir sus huesos.

Hans muskler blev fasta, och köttet täckte hans ben igen.

Todos estaban descansando: Buck, Thornton, Skeet y Nig.

De vilade alla – Buck, Thornton, Skeet och Nig.

Esperaron la balsa que los llevaría a Dawson.

De väntade på flotten som skulle bära dem ner till Dawson.

Skeet era un pequeño setter irlandés que se hizo amigo de Buck.

Skeet var en liten irländsk setter som blev vän med Buck.

Buck estaba demasiado débil y enfermo para resistirse a ella en su primer encuentro.

Buck var för svag och sjuk för att motstå henne vid deras första möte.

Skeet tenía el rasgo de sanador que algunos perros poseen naturalmente.

Skeet hade den helande egenskapen som vissa hundar naturligt har.

Como una gata madre, lamió y limpió las heridas abiertas de Buck.

Liksom en kattmamma slickade och rengjorde hon Bucks råa sår.

Todas las mañanas, después del desayuno, repetía su minucioso trabajo.

Varje morgon efter frukost upprepade hon sitt noggranna arbete.

Buck llegó a esperar su ayuda tanto como la de Thornton.

Buck kom att förvänta sig hennes hjälp lika mycket som han förväntade sig Thorntons.

Nig también era amigable, pero menos abierto y menos cariñoso.

Nig var också vänlig, men mindre öppen och mindre tillgiven.

Nig era un perro grande y negro, mitad sabueso y mitad lebrel.

Nig var en stor svart hund, delvis blodhund och delvis hjorthund.

Tenía ojos sonrientes y un espíritu bondadoso sin límites.
Han hade skrattande ögon och en oändlig godhet i sin själ.
Para sorpresa de Buck, ninguno de los perros mostró celos
hacia él.
Till Bucks förvåning visade ingen av hundarna svartsjuka mot
honom.
Tanto Skeet como Nig compartieron la amabilidad de John
Thornton.
Både Skeet och Nig delade John Thorntons vänlighet.
A medida que Buck se hacía más fuerte, lo atrajeron hacia
juegos de perros tontos.
Allt eftersom Buck blev starkare lockade de honom in i fåniga
hundlekar.
Thornton también jugaba a menudo con ellos, incapaz de
resistirse a su alegría.
Thornton lekte ofta med dem också, oförmögen att motstå
deras glädje.
De esta manera lúdica, Buck pasó de la enfermedad a una
nueva vida.
På detta lekfulla sätt gick Buck från sjukdom till ett nytt liv.
El amor, el amor verdadero, ardiente y apasionado,
finalmente era suyo.
Kärleken – sann, brinnande och passionerad kärlek – var
äntligen hans.
Nunca había conocido ese tipo de amor en la finca de Miller.
Han hade aldrig känt den här sortens kärlek på Millers gods.
Con los hijos del Juez había compartido trabajo y aventuras.
Med domarens söner hade han delat arbete och äventyr.
En los nietos vio un orgullo rígido y jactancioso.
Hos sonsönerna såg han stel och skrytsam stolthet.
Con el propio juez Miller mantuvo una amistad respetuosa.
Med domare Miller själv hade han en respektfull vänskap.
Pero el amor que era fuego, locura y adoración llegó con
Thornton.
Men kärlek som var eld, galenskap och dyrkan kom med
Thornton.

Este hombre había salvado la vida de Buck, y eso solo
significaba mucho.
Den här mannen hade räddat Bucks liv, och det ensamt
betydde oerhört mycket.
Pero más que eso, John Thornton era el tipo de maestro
ideal.
Men mer än så var John Thornton den ideala typen av
mästare.
Otros hombres cuidaban perros por obligación o necesidad
laboral.
Andra män tog hand om hundar av plikt eller affärsmässig
nödvändighet.
John Thornton cuidaba a sus perros como si fueran sus hijos.
John Thornton tog hand om sina hundar som om de vore hans
barn.
Él se preocupaba por ellos porque los amaba y simplemente
no podía evitarlo.
Han brydde sig om dem för att han älskade dem och helt
enkelt inte kunde göra något åt det.
John Thornton vio incluso más lejos de lo que la mayoría de
los hombres lograron ver.
John Thornton såg ännu längre än de flesta män någonsin
lyckades se.
Nunca se olvidó de saludarlos amablemente o decirles
alguna palabra de aliento.
Han glömde aldrig att hälsa dem vänligt eller säga ett
uppmuntrande ord.
Le encantaba sentarse con los perros para tener largas
charlas, o "gases", como él decía.
Han älskade att sitta ner med hundarna för långa samtal, eller
"gasiga", som han sa.
Le gustaba agarrar bruscamente la cabeza de Buck entre sus
fuertes manos.
Han tyckte om att gripa Bucks huvud hårt mellan sina starka
händer.
Luego apoyó su cabeza contra la de Buck y lo sacudió
suavemente.

Sedan lutade han sitt huvud mot Bucks och skakade honom försiktigt.

Mientras tanto, él llamaba a Buck con nombres groseros que significaban amor para Buck.

Hela tiden kallade han Buck oförskämda namn som betydde kärlek för Buck.

Para Buck, ese fuerte abrazo y esas palabras le trajeron una profunda alegría.

För Buck väckte den hårda omfamningen och de orden djup glädje.

Su corazón parecía latir con fuerza de felicidad con cada movimiento.

Hans hjärta tycktes skaka löst av lycka vid varje rörelse.

Cuando se levantó de un salto, su boca parecía como si se estuviera riendo.

När han sprang upp efteråt såg det ut som om hans mun skrattade.

Sus ojos brillaban intensamente y su garganta temblaba con una alegría tácita.

Hans ögon lyste klart och hans hals darrade av outtalad glädje.

Su sonrisa se detuvo en ese estado de emoción y afecto resplandeciente.

Hans leende stod stilla i det där tillståndet av känslor och glödande tillgivenhet.

Entonces Thornton exclamó pensativo: "¡Dios! ¡Casi puede hablar!"

Sedan utbrast Thornton eftertänksamt: "Herregud! han kan nästan tala!"

Buck tenía una extraña forma de expresar amor que casi causaba dolor.

Buck hade ett konstigt sätt att uttrycka kärlek som nästan orsakade smärta.

A menudo apretaba muy fuerte la mano de Thornton entre los dientes.

Han höll ofta Thorntons hand mycket hårt mellan tänderna.

La mordedura iba a dejar marcas profundas que permanecerían durante algún tiempo.

Bettet skulle lämna djupa spår som stannade kvar ett tag efteråt.

Buck creía que esos juramentos eran de amor y Thornton lo sabía también.

Buck trodde att de svordomarna var kärlek, och Thornton visste detsamma.

La mayoría de las veces, el amor de Buck se demostraba en una adoración silenciosa, casi silenciosa.

Oftast visade sig Bucks kärlek i tyst, nästan tyst beundran.

Aunque se emocionaba cuando lo tocaban o le hablaban, no buscaba atención.

Även om han blev upprymd när han blev berörd eller tilltalad, sökte han inte uppmärksamhet.

Skeet empujó su nariz bajo la mano de Thornton hasta que él la acarició.

Skeet knuffade nosen under Thorntons hand tills han klappade henne.

Nig se acercó en silencio y apoyó su gran cabeza en la rodilla de Thornton.

Nig gick tyst fram och vilade sitt stora huvud på Thorntons knä.

Buck, por el contrario, se conformaba con amar desde una distancia respetuosa.

Buck, däremot, var nöjd med att älska från ett respektfullt avstånd.

Durante horas permaneció tendido a los pies de Thornton, alerta y observando atentamente.

Han låg i timmar vid Thorntons fötter, vaken och iakttagande noga.

Buck estudió cada detalle del rostro de su amo y su más mínimo movimiento.

Buck studerade varje detalj i sin husbondes ansikte och minsta rörelse.

O yacía más lejos, estudiando la figura del hombre en silencio.

Eller ljög längre bort och studerade mannens skepnad i tystnad.

Buck observó cada pequeño movimiento, cada cambio de postura o gesto.

Buck iakttog varje liten rörelse, varje förändring i hållning eller gest.

Tan poderosa era esta conexión que a menudo atraía la mirada de Thornton.

Så stark var denna koppling att den ofta drog till sig Thorntons blick.

Sostuvo la mirada de Buck sin palabras, pero el amor brillaba claramente a través de ella.

Han mötte Bucks blick utan ord, kärleken lyste klart igenom.

Durante mucho tiempo después de ser salvado, Buck nunca perdió de vista a Thornton.

Under en lång tid efter att han räddats släppte Buck aldrig Thornton ur sikte.

Cada vez que Thornton salía de la tienda, Buck lo seguía de cerca afuera.

Varje gång Thornton lämnade tältet följde Buck honom tätt ut.

Todos los amos severos de las Tierras del Norte habían hecho que Buck tuviera miedo de confiar.

Alla de hårda herrarna i Nordlandet hade gjort Buck rädd för att lita på honom.

Temía que ningún hombre pudiera seguir siendo su amo durante más de un corto tiempo.

Han fruktade att ingen man kunde förbli hans herre i mer än en kort tid.

Temía que John Thornton desapareciera como Perrault y François.

Han fruktade att John Thornton skulle försvinna liksom Perrault och François.

Incluso por la noche, el miedo a perderlo acechaba el sueño inquieto de Buck.

Även på natten hemsökte rädslan för att förlora honom Bucks oroliga sömn.

Cuando Buck se despertó, salió a escondidas al frío y fue a la tienda de campaña.

När Buck vaknade smög han ut i kylan och gick till tältet.

Escuchó atentamente el suave sonido de la respiración en su interior.

Han lyssnade noga efter det mjuka ljudet av andning inuti.

A pesar del profundo amor de Buck por John Thornton, lo salvaje siguió vivo.

Trots Bucks djupa kärlek till John Thornton levde vildmarken över.

Ese instinto primitivo, despertado en el Norte, no desapareció.

Den primitiva instinkten, som väcktes i norr, försvann inte.

El amor trajo devoción, lealtad y el cálido vínculo del fuego.

Kärlek förde med sig hängivenhet, lojalitet och eldsidans varma band.

Pero Buck también mantuvo sus instintos salvajes, agudos y siempre alerta.

Men Buck behöll också sina vilda instinkter, skarpa och ständigt vakna.

No era sólo una mascota domesticada de las suaves tierras de la civilización.

Han var inte bara ett tämjt husdjur från civilisationens mjuka länder.

Buck era un ser salvaje que había venido a sentarse junto al fuego de Thornton.

Buck var en vild varelse som hade kommit in för att sitta vid Thorntons eld.

Parecía un perro del Sur, pero en su interior vivía lo salvaje.

Han såg ut som en sydlandshund, men vildhet levde inom honom.

Su amor por Thornton era demasiado grande como para permitirle robarle algo.

Hans kärlek till Thornton var för stor för att tillåta stöld från mannen.

Pero en cualquier otro campamento, robaría con valentía y sin pausa.

Men i vilket annat läger som helst skulle han stjäla djärvt och utan uppehåll.

Era tan astuto al robar que nadie podía atraparlo ni acusarlo.

Han var så listig på att stjäla att ingen kunde fånga eller anklaga honom.

Su rostro y su cuerpo estaban cubiertos de cicatrices de muchas peleas pasadas.

Hans ansikte och kropp var täckta av ärr från många tidigare slagsmål.

Buck seguía luchando con fiereza, pero ahora luchaba con más astucia.

Buck kämpade fortfarande häftigt, men nu kämpade han med ännu mer slughet.

Skeet y Nig eran demasiado amables para pelear, y eran de Thornton.

Skeet och Nig var för vänliga för att slåss, och de tillhörde Thornton.

Pero cualquier perro extraño, por fuerte o valiente que fuese, cedía.

Men vilken främmande hund som helst, oavsett hur stark eller modig den var, gav vika.

De lo contrario, el perro se encontraría luchando contra Buck; luchando por su vida.

Annars fann hunden sig själv i en kamp mot Buck; kämpande för sitt liv.

Buck no tuvo piedad una vez que decidió pelear contra otro perro.

Buck hade ingen nåd när han väl valde att slåss mot en annan hund.

Había aprendido bien la ley del garrote y el colmillo en las Tierras del Norte.

Han hade väl lärt sig lagen om klubba och huggtänder i Nordlandet.

Él nunca renunció a una ventaja y nunca se retractó de la batalla.

Han gav aldrig upp en fördel och backade aldrig från striden.

Había estudiado a los Spitz y a los perros más feroces del correo y de la policía.

Han hade studerat spetshundar och de vildaste post- och polishundarna.

Sabía claramente que no había término medio en un combate salvaje.

Han visste tydligt att det inte fanns någon medelväg i vild strid.

Él debía gobernar o ser gobernado; mostrar misericordia significaba mostrar debilidad.

Han måste styra eller bli styrd; att visa barmhärtighet innebar att visa svaghet.

Mercy era una desconocida en el crudo y brutal mundo de la supervivencia.

Barmhärtighet var okänd i överlevnadens råa och brutala värld.

Mostrar misericordia era visto como miedo, y el miedo conducía rápidamente a la muerte.

Att visa barmhärtighet sågs som rädsla, och rädsla ledde snabbt till döden.

La antigua ley era simple: matar o ser asesinado, comer o ser comido.

Den gamla lagen var enkel: döda eller bli dödad, ät eller bli uppäten.

Esa ley vino desde las profundidades del tiempo, y Buck la siguió plenamente.

Den lagen kom från tidens djup, och Buck följde den till fullo.

Buck era mayor que su edad y el número de respiraciones que tomaba.

Buck var äldre än han var och antalet andetag han tog.

Conectó claramente el pasado antiguo con el momento presente.

Han kopplade tydligt samman det forntida förflutna med nuet.

Los ritmos profundos de las épocas lo atravesaban como mareas.

Tidernas djupa rytmer rörde sig genom honom likt tidvattnet.

El tiempo latía en su sangre con la misma seguridad con la que las estaciones movían la tierra.

Tiden pulserade i hans blod lika säkert som årstiderna rörde jorden.

Se sentó junto al fuego de Thornton, con el pecho fuerte y los colmillos blancos.

Han satt vid Thorntons eld, med kraftigt bröst och vita huggtänder.

Su largo pelaje ondeaba, pero detrás de él los espíritus de los perros salvajes observaban.

Hans långa päls böljade, men bakom honom tittade vilda hundars andar på.

Lobos medio y lobos completos se agitaron dentro de su corazón y sus sentidos.

Halvvargar och hela vargar rörde sig i hans hjärta och sinnen.

Probaron su carne y bebieron la misma agua que él.

De smakade på hans kött och drack samma vatten som han gjorde.

Olfatearon el viento junto a él y escucharon el bosque.

De luktade i vinden bredvid honom och lyssnade till skogen.

Susurraron los significados de los sonidos salvajes en la oscuridad.

De viskade betydelsen av de vilda ljuden i mörkret.

Ellos moldearon sus estados de ánimo y guiaron cada una de sus reacciones tranquilas.

De formade hans humör och vägledde var och en av hans tysta reaktioner.

Se quedaron con él mientras dormía y se convirtieron en parte de sus sueños más profundos.

De låg hos honom medan han sov och blev en del av hans djupa drömmar.

Soñaron con él, más allá de él, y constituyeron su propio espíritu.

De drömde med honom, bortom honom, och formade hans själva ande.

Los espíritus de la naturaleza llamaron con tanta fuerza que Buck se sintió atraído.

Vildmarkens andar ropade så starkt att Buck kände sig dragen.

Cada día, la humanidad y sus reivindicaciones se debilitaban más en el corazón de Buck.

För varje dag blev mänskligheten och dess anspråk svagare i Bucks hjärta.

En lo profundo del bosque, un llamado extraño y emocionante estaba por surgir.

Djupt inne i skogen skulle ett märkligt och spännande rop stiga.

Cada vez que escuchaba el llamado, Buck sentía un impulso que no podía resistir.

Varje gång han hörde ropet kände Buck en impuls han inte kunde motstå.

Él iba a alejarse del fuego y de los caminos humanos trillados.

Han skulle vända sig bort från elden och bort från de upptrampade mänskliga stigarna.

Iba a adentrarse en el bosque, avanzando sin saber por qué.

Han skulle störta in i skogen, gå framåt utan att veta varför.

Él no cuestionó esta atracción porque el llamado era profundo y poderoso.

Han ifrågasatte inte denna dragningskraft, ty kallelsen var djup och kraftfull.

A menudo, alcanzaba la sombra verde y la tierra suave e intacta.

Ofta nådde han den gröna skuggan och den mjuka, orörda jorden

Pero entonces el fuerte amor por John Thornton lo atrajo de nuevo al fuego.

Men sedan drog den starka kärleken till John Thornton honom tillbaka till elden.

Sólo John Thornton realmente pudo sostener en sus manos el corazón salvaje de Buck.

Endast John Thornton höll verkligen Bucks vilda hjärta i sitt grepp.

El resto de la humanidad no tenía ningún valor o significado duradero para Buck.

Resten av mänskligheten hade inget bestående värde eller mening för Buck.

Los extraños podrían elogiarlo o acariciar su pelaje con manos amistosas.

Främlingar kan berömma honom eller stryka hans päls med vänliga händer.

Buck permaneció impasible y se alejó por demasiado afecto.

Buck förblev oberörd och gick sin väg på grund av alltför mycket tillgivenhet.

Hans y Pete llegaron con la balsa que habían esperado durante tanto tiempo.

Hans och Pete anlände med flotten som länge hade väntats

Buck los ignoró hasta que supo que estaban cerca de Thornton.

Buck ignorerade dem tills han fick veta att de var nära Thornton.

Después de eso, los toleró, pero nunca les mostró total calidez.

Efter det tolererade han dem, men visade dem aldrig full värme.

Él aceptaba comida o gentileza de ellos como si les estuviera haciendo un favor.

Han tog emot mat eller vänlighet från dem som om han gjorde dem en tjänst.

Eran como Thornton: sencillos, honestos y claros en sus pensamientos.

De var som Thornton – enkla, ärliga och klara i tankarna.

Todos juntos viajaron al aserradero de Dawson y al gran remolino.

Alla tillsammans reste de till Dawsons sågverk och den stora virveln

En su viaje aprendieron a comprender profundamente la naturaleza de Buck.

På sin resa lärde de sig att djupt förstå Bucks natur.

No intentaron acercarse como lo habían hecho Skeet y Nig.

De försökte inte komma nära varandra som Skeet och Nig hade gjort.

Pero el amor de Buck por John Thornton solo se profundizó con el tiempo.

Men Bucks kärlek till John Thornton fördjupades bara med tiden.

Sólo Thornton podía colocar una mochila en la espalda de Buck en el verano.

Endast Thornton kunde lägga en packning på Bucks rygg på sommaren.

Cualquiera que fuera lo que Thornton ordenaba, Buck estaba dispuesto a hacerlo a cabalidad.

Vad Thornton än befallde, var Buck villig att göra helt och hållet.

Un día, después de que dejaron Dawson hacia las cabeceras del río Tanana,

En dag, efter att de lämnat Dawson för Tananas källflöden,

El grupo se sentó en un acantilado que caía un metro hasta el lecho rocoso desnudo.

Gruppen satt på en klippa som föll en meter ner till kala berggrunden.

John Thornton se sentó cerca del borde y Buck descansó a su lado.

John Thornton satt nära kanten, och Buck vilade bredvid honom.

Thornton tuvo una idea repentina y llamó la atención de los hombres.

Thornton fick en plötslig tanke och påkallade männens uppmärksamhet.

Señaló hacia el otro lado del abismo y le dio a Buck una única orden.

Han pekade över avgrunden och gav Buck en enda kommando.

—¡Salta, Buck! —dijo, extendiendo el brazo por encima del precipicio.

"Hoppa, Buck!" sa han och svingade ut armen över stupet.

En un momento, tuvo que agarrar a Buck, quien estaba saltando para obedecer.

I ett ögonblick var han tvungen att gripa tag i Buck, som hoppade till för att lyda.

Hans y Pete corrieron hacia adelante y los pusieron a ambos a salvo.

Hans och Pete rusade fram och drog båda tillbaka i säkerhet.

Cuando todo terminó y recuperaron el aliento, Pete habló.

När allt var över, och de hade hämtat andan, tog Pete till orda.

"El amor es extraño", dijo, conmocionado por la feroz devoción del perro.

"Kärleken är kuslig", sa han, skakad av hundens starka hängivenhet.

Thornton meneó la cabeza y respondió con seriedad y calma.

Thornton skakade på huvudet och svarade med lugnt allvar.

"No, el amor es espléndido", dijo, "pero también terrible".

"Nej, kärleken är fantastisk", sa han, "men också fruktansvärd."

"A veces, debo admitirlo, este tipo de amor me da miedo".

"Ibland måste jag erkänna att den här typen av kärlek gör mig rädd."

Pete asintió y dijo: "Odiaría ser el hombre que te toque".

Pete nickade och sa: "Jag skulle hata att vara mannen som rör vid dig."

Miró a Buck mientras hablaba, serio y lleno de respeto.

Han tittade på Buck medan han talade, allvarlig och full av respekt.

—¡Py Jingo! —dijo Hans rápidamente—. Yo tampoco, señor.

"Py Jingo!" sa Hans snabbt. "Jag heller, nej, sir."

Antes de que terminara el año, los temores de Pete se hicieron realidad en Circle City.

Innan året var slut besannades Petes farhågor i Circle City.

Un hombre cruel llamado Black Burton provocó una pelea en el bar.

En grym man vid namn Black Burton började bråka i baren.

Estaba enojado y malicioso, arremetiendo contra un nuevo novato.

Han var arg och illvillig och gick till attack mot en ny ömtålig person.

John Thornton entró en escena, tranquilo y afable como siempre.

John Thornton klev in, lugn och godmodig som alltid.

Buck yacía en un rincón, con la cabeza gacha, observando a Thornton de cerca.

Buck låg i ett hörn med huvudet nedåt och iakttog Thornton noga.

Burton atacó de repente, y su puñetazo hizo que Thornton girara.

Burton slog plötsligt till, hans slag fick Thornton att snurra.

Sólo la barandilla de la barra evitó que se estrellara con fuerza contra el suelo.

Endast stångens räcke hindrade honom från att falla hårt mot marken.

Los observadores oyeron un sonido que no era un ladrido ni un aullido.

Vaktarna hörde ett ljud som inte var skall eller skrik

Un rugido profundo salió de Buck mientras se lanzaba hacia el hombre.

ett djupt vrål kom från Buck när han rusade mot mannen.

Burton levantó el brazo y apenas salvó su vida.

Burton kastade upp armen och räddade nätt och jämnt sitt eget liv.

Buck se estrelló contra él y lo tiró al suelo.

Buck körde in i honom och slog honom platt på golvet.

Buck mordió profundamente el brazo del hombre y luego se abalanzó sobre su garganta.

Buck bet djupt i mannens arm och kastade sig sedan mot strupen.

Burton sólo pudo bloquearlo parcialmente y su cuello quedó destrozado.

Burton kunde bara delvis blockera, och hans nacke slets upp.

Los hombres se apresuraron a entrar, con los garrotes en alto, y apartaron a Buck del hombre sangrante.

Män rusade in, hissade klubbor och drev bort Buck den blödande mannen.

Un cirujano trabajó rápidamente para detener la fuga de sangre.

En kirurg arbetade snabbt för att stoppa blodet från att rinna ut.

Buck caminaba de un lado a otro y gruñía, intentando atacar una y otra vez.

Buck gick fram och tillbaka och morrade, och försökte attackera om och om igen.

Sólo los golpes con los palos le impidieron llegar hasta Burton.

Endast svingande klubbor hindrade honom från att nå Burton.

Allí mismo se convocó y celebró una asamblea de mineros.

Ett gruvarbetarmöte sammankallades och hölls just där på plats.

Estuvieron de acuerdo en que Buck había sido provocado y votaron por liberarlo.

De höll med om att Buck hade blivit provocerad och röstade för att släppa honom fri.

Pero el feroz nombre de Buck ahora resonaba en todos los campamentos de Alaska.

Men Bucks våldsamma namn ekade nu i varje läger i Alaska.

Más tarde ese otoño, Buck salvó a Thornton nuevamente de una nueva manera.

Senare samma höst räddade Buck Thornton igen på ett nytt sätt.

Los tres hombres guiaban un bote largo por rápidos agitados.

De tre männen guidade en lång båt nerför grova forsar.

Thornton tripulaba el bote, gritando instrucciones para llegar a la costa.

Thornton manövrerade båten och ropade upp vägbeskrivningar till strandlinjen.

Hans y Pete corrieron por la tierra, sosteniendo una cuerda de árbol a árbol.

Hans och Pete sprang på land och höll ett rep från träd till träd.

Buck seguía el ritmo en la orilla, siempre observando a su amo.

Buck höll takten på stranden och vakade ständigt över sin herre.

En un lugar desagradable, las rocas sobresalían bajo el agua rápida.

På ett otäckt ställe stack stenar ut under det snabba vattnet.

Hans soltó la cuerda y Thornton dirigió el bote hacia otro lado.

Hans släppte repet, och Thornton styrde båten vida.

Hans corrió para alcanzar el barco nuevamente más allá de las rocas peligrosas.

Hans spurtade för att hinna ikapp båten igen förbi de farliga klipporna.

El barco superó la cornisa pero se topó con una parte más fuerte de la corriente.

Båten passerade avsatsen men träffade en starkare del av strömmen.

Hans agarró la cuerda demasiado rápido y desequilibró el barco.

Hans grep tag i repet för snabbt och drog båten ur balans.

El barco se volcó y se estrelló contra la orilla, boca abajo.

Båten voltade och slog in i stranden, med botten upp.

Thornton fue arrojado y arrastrado hacia la parte más salvaje del agua.

Thornton kastades ut och sveptes ner i den vildaste delen av vattnet.

Ningún nadador habría podido sobrevivir en esas aguas turbulentas y mortales.

Ingen simmare skulle ha överlevt i det dödliga, rusande vattnet.

Buck saltó instantáneamente y persiguió a su amo río abajo.

Buck hoppade genast in och jagade sin husbonde nerför floden.

Después de trescientos metros, llegó por fin a Thornton.

Efter trehundra meter nådde han äntligen Thornton.

Thornton agarró la cola de Buck y Buck se giró hacia la orilla.

Thornton grep tag i Bucks stjärt, och Buck vände sig mot stranden.

Nadó con todas sus fuerzas, luchando contra el arrastre salvaje del agua.

Han simmade med full styrka och kämpade mot vattnets vilda drag.

Se movieron río abajo más rápido de lo que podían llegar a la orilla.

De rörde sig nedströms snabbare än de kunde nå stranden.

Más adelante, el río rugía cada vez más fuerte mientras caía en rápidos mortales.

Framför dånade floden högre när den störtade ner i dödliga forsar.

Las rocas cortaban el agua como los dientes de un peine enorme.

Stenar skar genom vattnet som tänderna på en enorm kam.

La atracción del agua cerca de la caída era salvaje e ineludible.

Vattnets dragningskraft nära droppen var våldsam och oundviklig.

Thornton sabía que nunca podrían llegar a la costa a tiempo.

Thornton visste att de aldrig skulle kunna nå stranden i tid.

Raspó una roca, se estrelló contra otra,

Han skrapade över en sten, slog över en andra,

Y entonces se estrelló contra una tercera roca, agarrándola con ambas manos.

Och sedan krockade han med en tredje sten och grep tag i den med båda händerna.

Soltó a Buck y gritó por encima del rugido: "¡Vamos, Buck! ¡Vamos!".

Han släppte taget om Buck och ropade över vrålet: "Kör, Buck! Kör!"

Buck no pudo mantenerse a flote y fue arrastrado por la corriente.

Buck kunde inte hålla sig flytande och sveptes med av strömmen.

Luchó con todas sus fuerzas, intentando girar, pero no consiguió ningún progreso.

Han kämpade hårt, kämpade för att vända, men gjorde inga framsteg alls.

Entonces escuchó a Thornton repetir la orden por encima del rugido del río.

Sedan hörde han Thornton upprepa kommandot över flodens dån.

Buck salió del agua y levantó la cabeza como para echar una última mirada.

Buck steg upp ur vattnet och lyfte huvudet som för att ta en sista titt.

Luego se giró y obedeció, nadando hacia la orilla con resolución.

sedan vände han sig om och lydde, simmande mot stranden med beslutsamhet.

Pete y Hans lo sacaron a tierra en el último momento posible.

Pete och Hans drog honom i land i sista möjliga ögonblick.

Sabían que Thornton podría aferrarse a la roca sólo por unos minutos más.

De visste att Thornton bara kunde klamra sig fast vid stenen i några minuter till.

Corrieron por la orilla hasta un lugar mucho más arriba de donde estaba colgado.

De sprang uppför banken till en plats långt ovanför där han hängde.

Ataron la cuerda del bote al cuello y los hombros de Buck con cuidado.

De knöt försiktigt båtens lina runt Bucks nacke och axlar.

La cuerda estaba ajustada pero lo suficientemente suelta para permitir la respiración y el movimiento.

Repet var tätt men tillräckligt löst för andning och rörelse.

Luego lo lanzaron nuevamente al caudaloso y mortal río.

Sedan kastade de honom ner i den forsande, dödliga floden igen.

Buck nadó con valentía, pero perdió su ángulo debido a la fuerza de la corriente.

Buck simmade djärvt men missade vinkeln in i strömmens kraft.

Se dio cuenta demasiado tarde de que iba a dejar atrás a Thornton.

Han insåg för sent att han skulle driva förbi Thornton.

Hans tiró de la cuerda con fuerza, como si Buck fuera un barco que se hundía.

Hans ryckte i repet, som om Buck vore en kapsejsande båt.

La corriente lo arrastró hacia abajo y desapareció bajo la superficie.

Strömmen drog honom under ytan, och han försvann under ytan.

Su cuerpo chocó contra el banco antes de que Hans y Pete pudieran sacarlo.

Hans kropp träffade banken innan Hans och Pete drog upp honom.

Estaba medio ahogado y le sacaron el agua a golpes.

Han var halvt drunknad, och de stampade vattnet ur honom.

Buck se puso de pie, se tambaleó y volvió a desplomarse en el suelo.

Buck reste sig, vacklade och kollapsade återigen till marken.

Entonces oyeron la voz de Thornton llevada débilmente por el viento.

Sedan hörde de Thorntons röst svagt buren av vinden.

Aunque las palabras no eran claras, sabían que estaba cerca de morir.

Även om orden var oklara, visste de att han var nära döden.

El sonido de la voz de Thornton golpeó a Buck como una sacudida eléctrica.

Ljudet av Thorntons röst träffade Buck som en elektrisk stöt.

Saltó y corrió por la orilla, regresando al punto de lanzamiento.

Han hoppade upp och sprang uppför stranden, återvändande till startpunkten.

Nuevamente ataron la cuerda a Buck, y nuevamente entró al arroyo.

Återigen band de repet fast vid Buck, och återigen gick han ner i bäcken.

Esta vez nadó directo y firmemente hacia el agua que palpitaba.

Den här gången simmade han rakt och bestämt ner i det forsande vattnet.

Hans soltó la cuerda con firmeza mientras Pete evitaba que se enredara.

Hans släppte ut repet stadigt medan Pete hindrade det från att trassla ihop sig.

Buck nadó con fuerza hasta que estuvo alineado justo encima de Thornton.

Buck simmade hårt tills han stod uppradad precis ovanför Thornton.

Luego se dio la vuelta y se lanzó hacia abajo como un tren a toda velocidad.

Sedan vände han och rusade ner som ett tåg i full fart.

Thornton lo vio venir, se preparó y le rodeó el cuello con los brazos.

Thornton såg honom komma, rustad och låste armarna om hans hals.

Hans ató la cuerda fuertemente alrededor de un árbol mientras ambos eran arrastrados hacia abajo.

Hans knöt repet fast runt ett träd när båda drogs under.

Cayeron bajo el agua y se estrellaron contra rocas y escombros del río.

De tumlade under vattnet och krossade stenar och flodskräp.

En un momento Buck estaba arriba y al siguiente Thornton se levantó jadeando.

Ena stunden var Buck ovanpå, i nästa reste sig Thornton kippandes efter andan.

Maltratados y asfixiados, se desviaron hacia la orilla y se pusieron a salvo.

Misshandlade och kvävda vek de av mot stranden och i säkerhet.

Thornton recuperó el conocimiento, acostado sobre un tronco a la deriva.

Thornton återfick medvetandet, liggandes tvärs över en drivstock.

Hans y Pete trabajaron duro para devolverle el aliento y la vida.

Hans och Pete arbetade hårt med honom för att få honom att andas och få liv igen.

Su primer pensamiento fue para Buck, que yacía inmóvil y flácido.

Hans första tanke var på Buck, som låg orörlig och slapp.

Nig aulló sobre el cuerpo de Buck y Skeet le lamió la cara suavemente.

Nig ylade över Bucks kropp, och Skeet slickade honom försiktigt i ansiktet.

Thornton, dolorido y magullado, examinó a Buck con manos cuidadosas.

Thornton, öm och blåslagen, undersökte Buck med försiktiga händer.

Encontró tres costillas rotas, pero ninguna herida mortal en el perro.

Han fann tre brutna revben, men inga dödliga sår på hunden.

"Eso lo resuelve", dijo Thornton. "Acamparemos aquí". Y así lo hicieron.

"Det avgjorde saken", sa Thornton. "Vi campar här." Och det gjorde de.

Se quedaron hasta que las costillas de Buck sanaron y pudo caminar nuevamente.

De stannade tills Bucks revben läkte och han kunde gå igen.

Ese invierno, Buck realizó una hazaña que aumentó aún más su fama.

Den vintern utförde Buck en bedrift som ytterligare höjde hans berömmelse.

Fue menos heroico que salvar a Thornton, pero igual de impresionante.

Det var mindre heroiskt än att rädda Thornton, men lika imponerande.

En Dawson, los socios necesitaban suministros para un viaje lejano.

I Dawson behövde partnerna förnödenheter för en avlägsen resa.

Querían viajar hacia el Este, hacia tierras vírgenes y silvestres.

De ville resa österut, in i orörda vildmarker.

La escritura de Buck en el Eldorado Saloon hizo posible ese viaje.

Bucks dåd i Eldorado Saloon gjorde den resan möjlig.

Todo empezó con hombres alardeando de sus perros mientras bebían.

Det började med att män skröt om sina hundar över drinkar.

La fama de Buck lo convirtió en blanco de desafíos y dudas.

Bucks berömmelse gjorde honom till måltavla för utmaningar och tvivel.

Thornton, orgulloso y tranquilo, se mantuvo firme en la defensa del nombre de Buck.

Thornton, stolt och lugn, stod orubbligt fast vid sitt försvar av Bucks namn.

Un hombre dijo que su perro podía levantar doscientos cincuenta kilos con facilidad.

En man sa att hans hund kunde dra femhundra pund med lätthet.

Otro dijo seiscientos, y un tercero se jactó de setecientos.

En annan sa sexhundra, och en tredje skröt om sjuhundra.

"¡Pfft!" dijo John Thornton, "Buck puede tirar de un trineo de mil libras".

"Pff!" sa John Thornton, "Buck kan dra en släde på tusen pund."

Matthewson, un Rey de Bonanza, se inclinó hacia delante y lo desafió.

Matthewson, en Bonanzakung, lutade sig fram och utmanade honom.

¿Crees que puede poner tanto peso en movimiento?

"Tror du att han kan lägga så mycket vikt i rörelse?"

"¿Y crees que puede tirar del peso cien yardas enteras?"

"Och du tror att han kan dra vikten hela hundra meter?"

Thornton respondió con frialdad: «Sí. Buck es lo suficientemente bueno como para hacerlo».

Thornton svarade kyligt: "Ja. Buck är hund nog att göra det."

"Pondrá mil libras en movimiento y las arrastrará cien yardas".

"Han sätter tusen pund i rörelse och drar det hundra meter."

Matthewson sonrió lentamente y se aseguró de que todos los hombres escucharan sus palabras.

Matthewson log långsamt och försäkrade sig om att alla män hörde hans ord.

Tengo mil dólares que dicen que no puede. Ahí está.

"Jag har tusen dollar som det står att han inte kan. Där är det."

Arrojó un saco de polvo de oro del tamaño de una salchicha sobre la barra.

Han slängde en säck med gulddamm stor som korv på baren.

Nadie dijo una palabra. El silencio se hizo denso y tenso a su alrededor.

Ingen sa ett ord. Tystnaden blev tung och spänd omkring dem.

El engaño de Thornton —si es que lo hubo— había sido tomado en serio.

Thorntons bluff – om det nu var en – hade tagits på allvar.

Sintió que el calor le subía a la cara mientras la sangre le subía a las mejillas.

Han kände hettan stiga i ansiktet medan blodet forsade upp mot kinderna.

En ese momento su lengua se había adelantado a su razón.

Hans tunga hade överträffat hans förnuft i det ögonblicket.

Realmente no sabía si Buck podría mover mil libras.

Han visste verkligen inte om Buck kunde flytta tusen pund.

¡Media tonelada! Solo su tamaño le hacía sentir un gran peso en el corazón.

Ett halvt ton! Bara storleken gjorde honom tung i hjärtat.

Tenía fe en la fuerza de Buck y creía que era capaz.

Han hade förtroende för Bucks styrka och hade ansett honom duglig.

Pero nunca se había enfrentado a un desafío así, no de esta manera.

Men han hade aldrig mött den här typen av utmaning, inte som denna.

Una docena de hombres lo observaban en silencio, esperando ver qué haría.

Ett dussin män iakttog honom tyst och väntade på att se vad han skulle göra.

Él no tenía el dinero, ni tampoco Hans ni Pete.

Han hade inte pengarna – inte heller Hans eller Pete.

"Tengo un trineo afuera", dijo Matthewson fría y directamente.

"Jag har en släde utomhus", sa Matthewson kallt och rättframt.

"Está cargado con veinte sacos de cincuenta libras cada uno, todo de harina.

"Den är lastad med tjugo säckar, femtio pund styck, allt mjöl."

Así que no dejen que un trineo perdido sea su excusa ahora", añadió.

Så låt inte en saknad släde bli din ursäkt nu", tillade han.

Thornton permaneció en silencio. No sabía qué decir.

Thornton stod tyst. Han visste inte vilka ord han skulle säga.

Miró a su alrededor los rostros sin verlos con claridad.

Han tittade sig omkring på ansiktena utan att se dem tydligt.

Parecía un hombre congelado en sus pensamientos, intentando reiniciarse.

Han såg ut som en man som var fastfrusen i sina tankar och försökte starta om.

Luego vio a Jim O'Brien, un amigo de la época de Mastodon.

Sedan såg han Jim O'Brien, en vän från Mastodont-dagarna.

Ese rostro familiar le dio un coraje que no sabía que tenía.

Det bekanta ansiktet gav honom ett mod han inte visste att han hade.

Se giró y preguntó en voz baja: "¿Puedes prestarme mil?"

Han vände sig om och frågade med låg röst: "Kan du låna mig tusen?"

"Claro", dijo O'Brien, dejando caer un pesado saco junto al oro.

"Visst", sa O'Brien och släppte redan en tung säck vid guldet.

"Pero la verdad, John, no creo que la bestia pueda hacer esto".

"Men ärligt talat, John, jag tror inte att odjuret kan göra det här."

Todos los que estaban en el Eldorado Saloon corrieron hacia afuera para ver el evento.

Alla i Eldorado Saloon skyndade sig ut för att se evenemanget.

Abandonaron las mesas y las bebidas, e incluso los juegos se pausaron.

De lämnade bord och drycker, och till och med spelen pausades.

Comerciantes y jugadores acudieron para presenciar el final de la audaz apuesta.

Dealers och spelare kom för att bevittna det djärva vadets slut.

Cientos de personas se reunieron alrededor del trineo en la calle helada y abierta.

Hundratals samlades runt släden på den isiga öppna gatan.

El trineo de Matthewson estaba cargado con un montón de sacos de harina.

Matthewsons släde stod med en full last av mjölsäckar.

El trineo había permanecido parado durante horas a temperaturas bajo cero.

Kälken hade stått i timmar i minusgrader.

Los patines del trineo estaban congelados y pegados a la nieve compacta.

Kälkens medar var fastfrusna i den hoppackade snön.

Los hombres ofrecieron dos a uno de que Buck no podría mover el trineo.

Männen erbjöd två mot ett-odds på att Buck inte kunde flytta släden.

Se desató una disputa sobre lo que realmente significaba "break out".

En tvist utbröt om vad "utbrott" egentligen betydde.

O'Brien dijo que Thornton debería aflojar la base congelada del trineo.

O'Brien sa att Thornton borde lossa slädens frusna botten.

Buck pudo entonces "escapar" de un comienzo sólido e inmóvil.

Buck kunde sedan "bryta ut" från en stabil, orörlig start.

Matthewson argumentó que el perro también debe liberar a los corredores.

Matthewson hävdade att hunden också måste släppa loss löparna.

Los hombres que habían escuchado la apuesta estuvieron de acuerdo con la opinión de Matthewson.

Männen som hade hört vadet höll med Matthewsons åsikt.

Con esa decisión, las probabilidades aumentaron a tres a uno en contra de Buck.

Med det beslutet steg oddsen till tre mot ett mot Buck.

Nadie se animó a asumir las crecientes probabilidades de tres a uno.

Ingen klev fram för att acceptera de växande oddsen på tre mot ett.

Ningún hombre creyó que Buck pudiera realizar la gran hazaña.

Inte en enda man trodde att Buck kunde utföra den stora bedriften.

Thornton se había apresurado a hacer la apuesta, cargado de dudas.

Thornton hade blivit involverad i vadet i hast, tyngd av tvivel.

Ahora miró el trineo y el equipo de diez perros que estaba a su lado.

Nu tittade han på släden och det tiohunds stora spannet bredvid den.

Ver la realidad de la tarea la hizo parecer más imposible.

Att se uppgiftens verklighet gjorde den mer omöjlig.

Matthewson estaba lleno de orgullo y confianza en ese momento.

Matthewson var full av stolthet och självförtroende i det ögonblicket.

—¡Tres a uno! —gritó—. ¡Apuesto mil más, Thornton!

"Tre mot ett!" ropade han. "Jag slår vad om tusen till, Thornton!"

"¿Qué dices?" añadió lo suficientemente alto para que todos lo oyeran.

"Vad säger du?" tillade han, tillräckligt högt för att alla skulle höra.

El rostro de Thornton mostraba sus dudas, pero su ánimo se había elevado.

Thorntons ansikte visade hans tvivel, men hans mod hade stigit.

Ese espíritu de lucha ignoraba las probabilidades y no temía a nada en absoluto.

Den kämparandan ignorerade oddsen och fruktade ingenting alls.

Llamó a Hans y Pete para que trajeran todo su dinero a la mesa.

Han ringde Hans och Pete för att de skulle ta med sig alla sina pengar till bordet.

Les quedaba poco: sólo doscientos dólares en total.

De hade inte mycket kvar – bara tvåhundra dollar tillsammans.

Esta pequeña suma constituía su fortuna total en tiempos difíciles.

Denna lilla summa var deras totala förmögenhet under svåra tider.

Aún así, apostaron toda su fortuna contra la apuesta de Matthewson.

Ändå satsade de hela förmögenheten mot Matthewsons vad.

El equipo de diez perros fue desenganchado y se alejó del trineo.

Tiohundsspannet kopplades loss och rörde sig bort från släden.

Buck fue colocado en las riendas, vistiendo su arnés familiar.

Buck placerades i tyglarna, iklädd sin välbekanta sele.

Había captado la energía de la multitud y sentía la tensión.

Han hade fångat publikens energi och känt spänningen.

De alguna manera, sabía que tenía que hacer algo por John Thornton.

På något sätt visste han att han var tvungen att göra något för John Thornton.

La gente murmuraba con admiración ante la orgullosa figura del perro.

Folk mumlade av beundran över hundens stolta figur.

Era delgado y fuerte, sin un solo gramo de carne extra.

Han var mager och stark, utan ett enda uns extra kött.

Su peso total de ciento cincuenta libras era todo potencia y resistencia.

Hans fulla vikt på hundrafemtio pund var ren kraft och uthållighet.

El pelaje de Buck brillaba como la seda, espeso y saludable.

Bucks päls glänste som siden, tjock av hälsa och styrka.

El pelaje a lo largo de su cuello y hombros pareció levantarse y erizarse.

Pälsen längs hans hals och axlar tycktes lyfta sig och borsta.

Su melena se movía levemente, cada cabello vivo con su gran energía.

Hans man rörde sig lätt, varje hårstrå levde av hans stora energi.

Su pecho ancho y sus piernas fuertes hacían juego con su cuerpo pesado y duro.

Hans breda bröstkorg och starka ben matchade hans tunga, tuffa kroppsbyggnad.

Los músculos se ondulaban bajo su abrigo, tensos y firmes como hierro.

Musklerna krusade sig under hans rock, spända och fasta som bundet järn.

Los hombres lo tocaron y juraron que estaba construido como una máquina de acero.

Män rörde vid honom och svor att han var byggd som en stålmaskin.

Las probabilidades bajaron levemente a dos a uno contra el gran perro.

Oddsen sjönk något till två mot ett mot den fantastiska hunden.

Un hombre de los bancos Skookum se adelantó, tartamudeando.

En man från Skookum-bänkarna knuffade sig fram, stammande.

—¡Bien, señor! ¡Ofrezco ochocientas libras por él, antes del examen, señor!

"Bra, herrn! Jag erbjuder åttahundra för honom – före provet, herrn!"

"¡Ochocientos, tal como está ahora mismo!" insistió el hombre.

"Åtta hundra, som han står just nu!" insisterade mannen.

Thornton dio un paso adelante, sonrió y meneó la cabeza con calma.

Thornton klev fram, log och skakade lugnt på huvudet.

Matthewson intervino rápidamente con una voz de advertencia y el ceño fruncido.

Matthewson ingrep snabbt med varnande röst och rynka pannan.

—Debes alejarte de él —dijo—. Dale espacio.

"Du måste ta ett steg bort från honom", sa han. "Ge honom utrymme."

La multitud quedó en silencio; sólo los jugadores seguían ofreciendo dos a uno.

Folkmassan blev tyst; endast spelare erbjöd fortfarande två mot ett.

Todos admiraban la complexión de Buck, pero la carga parecía demasiado grande.

Alla beundrade Bucks kroppsbyggnad, men lasten såg för tung ut.

Veinte sacos de harina, cada uno de cincuenta libras de peso, parecían demasiados.

Tjugo säckar mjöl – vardera femtio pund i vikt – verkade alldeles för mycket.

Nadie estaba dispuesto a abrir su bolsa y arriesgar su dinero.

Ingen var villig att öppna sin påse och riskera sina pengar.

Thornton se arrodilló junto a Buck y tomó su cabeza con ambas manos.

Thornton knäböjde bredvid Buck och tog hans huvud i båda händerna.

Presionó su mejilla contra la de Buck y le habló al oído.

Han pressade sin kind mot Bucks och talade i hans öra.

Ya no había apretones juguetones ni susurros de insultos amorosos.

Det förekom inga lekfulla skakningar eller viskande kärleksfulla förolämpningar nu.

Él sólo murmuró suavemente: "Tanto como me amas, Buck".

Han mumlade bara mjukt: "Så mycket som du älskar mig, Buck."

Buck dejó escapar un gemido silencioso, su entusiasmo apenas fue contenido.

Buck släppte ifrån sig ett tyst gnäll, hans iver knappt tyglad.

Los espectadores observaron con curiosidad cómo la tensión llenaba el aire.

Åskådarna tittade nyfiket på medan spänning fyllde luften.

El momento parecía casi irreal, como algo más allá de la razón.

Ögonblicket kändes nästan overkligt, som något bortom all förnuft.

Cuando Thornton se puso de pie, Buck tomó suavemente su mano entre sus mandíbulas.

När Thornton reste sig tog Buck försiktigt hans hand i sina käkar.

Presionó con los dientes y luego lo soltó lenta y suavemente.

Han tryckte ner med tänderna och släppte sedan taget långsamt och försiktigt.

Fue una respuesta silenciosa de amor, no dicha, pero entendida.

Det var ett tyst svar av kärlek, inte uttalat, men förstått.

Thornton se alejó bastante del perro y dio la señal.

Thornton tog ett bra steg tillbaka från hunden och gav signalen.

—Ahora, Buck —dijo, y Buck respondió con calma y concentración.

"Nu, Buck", sa han, och Buck svarade med fokuserat lugn.

Buck apretó las correas y luego las aflojó unos centímetros.

Buck drog åt skenorna och lossade dem sedan några centimeter.

Éste era el método que había aprendido; su manera de romper el trineo.

Det här var metoden han hade lärt sig; hans sätt att bryta släden.

—¡Caramba! —gritó Thornton con voz aguda en el pesado silencio.

"Herregud!" ropade Thornton, hans röst skarp i den tunga tystnaden.

Buck giró hacia la derecha y se lanzó con todo su peso.

Buck svängde åt höger och kastade sig fram med all sin vikt.

La holgura desapareció y la masa total de Buck golpeó las cuerdas apretadas.

Slaket försvann, och Bucks fulla massa träffade de snäva spåren.

El trineo tembló y los patines produjeron un crujido crujiente.

Kälken darrade, och medarna gav ifrån sig ett krispigt knastrande ljud.

—¡Ja! —ordenó Thornton, cambiando nuevamente la dirección de Buck.

"Ha!" befallde Thornton och ändrade Bucks riktning igen.

Buck repitió el movimiento, esta vez tirando bruscamente hacia la izquierda.

Buck upprepade rörelsen, den här gången drog han skarpt åt
vänster.

**El trineo crujió más fuerte y los patines crujieron y se
movieron.**

Kälken knarrade högre, medarna knäppte och rörde sig.

**La pesada carga se deslizó ligeramente hacia un lado sobre la
nieve congelada.**

Den tunga lasten gled lätt i sidled över den frusna snön.

¡El trineo se había soltado del sendero helado!

Kälken hade lossnat från den isiga ledens grepp!

**Los hombres contenían la respiración, sin darse cuenta de
que ni siquiera estaban respirando.**

Männen höll andan, omedvetna om att de inte ens andades.

**—¡Ahora, TIRA! —gritó Thornton a través del silencio
helado.**

"DRA NU!" ropade Thornton över den frusna tystnaden.

**La orden de Thornton sonó aguda, como el chasquido de un
látigo.**

Thorntons kommando ljöd skarpt, som ljudet av en piska.

**Buck se lanzó hacia adelante con una estocada feroz y
estremecedora.**

Buck kastade sig framåt med ett våldsamt och skakande utfall.

Todo su cuerpo se tensó y se arrugó por la enorme tensión.

Hela hans kropp spändes och knöts ihop av den massiva
påfrestningen.

**Los músculos se ondulaban bajo su pelaje como serpientes
que cobraban vida.**

Musklerna krusade sig under hans päls likt ormar som vaknar
till liv.

**Su gran pecho estaba bajo y la cabeza estirada hacia delante,
hacia el trineo.**

Hans stora bröstkorg var sänkt, huvudet sträckt framåt mot
släden.

**Sus patas se movían como un rayo y sus garras cortaban el
suelo helado.**

Hans tassar rörde sig som blixten, klor skar den frusna
marken.

Los surcos se abrieron profundos mientras luchaba por cada centímetro de tracción.

Djupa spår skars upp medan han kämpade för varje centimeter av grepp.

El trineo se balanceó, tembló y comenzó un movimiento lento e inquieto.

Kälken gungade, darrade och började en långsam, orolig rörelse.

Un pie resbaló y un hombre entre la multitud gimió en voz alta.

En fot halkade, och en man i folkmassan stönade högt.

Entonces el trineo se lanzó hacia adelante con un movimiento brusco y espasmódico.

Sedan kastade sig släden framåt i en ryckig, grov rörelse.

No se detuvo de nuevo: media pulgada... una pulgada... dos pulgadas más.

Det stannade inte igen – en halv tum... en tum... två tum till.

Los tirones se hicieron más pequeños a medida que el trineo empezó a ganar velocidad.

Ryckningarna blev mindre allt eftersom släden började öka i fart.

Pronto Buck estaba tirando con una potencia suave, uniforme y rodante.

Snart drog Buck med mjuk, jämn, rullande kraft.

Los hombres jadearon y finalmente recordaron respirar de nuevo.

Männen kippade efter andan och kom äntligen ihåg att andas igen.

No se habían dado cuenta de que su respiración se había detenido por el asombro.

De hade inte märkt att deras andedräkt hade upphört i vördnad.

Thornton corrió detrás, gritando órdenes breves y alegres.

Thornton sprang bakom och ropade korta, glada befallningar.

Más adelante había una pila de leña que marcaba la distancia.

Framför låg en hög med ved som markerade avståndet.

A medida que Buck se acercaba a la pila, los vítores se hacían cada vez más fuertes.

När Buck närmade sig högen blev jublet högre och högre.

Los aplausos aumentaron hasta convertirse en un rugido cuando Buck pasó el punto final.

Jublet svällde till ett vrål när Buck passerade slutpunkten.

Los hombres saltaron y gritaron, incluso Matthewson sonrió.

Män hoppade och skrek, till och med Matthewson brast ut i ett flin.

Los sombreros volaron por el aire y los guantes fueron arrojados sin pensar ni rumbo.

Hattar flög upp i luften, vantar kastades utan tanke eller sikte.

Los hombres se abrazaron y se dieron la mano sin saber a quién.

Männen grep tag i varandra och skakade hand utan att veta vem.

Toda la multitud vibró en una celebración salvaje y alegre.

Hela folkmassan surrade av vilt, glädjefyllt jubel.

Thornton cayó de rodillas junto a Buck con manos temblorosas.

Thornton föll ner på knä bredvid Buck med darrande händer.

Apretó su cabeza contra la de Buck y lo sacudió suavemente hacia adelante y hacia atrás.

Han tryckte sitt huvud mot Bucks och skakade honom försiktigt fram och tillbaka.

Los que se acercaron le oyeron maldecir al perro con silencioso amor.

De som närmade sig hörde honom förbanna hunden med stillsam kärlek.

Maldijo a Buck durante un largo rato, suavemente, cálidamente, con emoción.

Han svor åt Buck länge – mjukt, varmt, med känslor.

—¡Bien, señor! ¡Bien, señor! —gritó el rey del Banco Skookum a toda prisa.

"Bra, herrn! Bra, herrn!" ropade Skookum-bänkskungen i all hast.

—¡Le daré mil, no, mil doscientos, por ese perro, señor!

"Jag ger er tusen – nej, tolvhundra – för den där hunden, herrn!"

Thornton se puso de pie lentamente, con los ojos brillantes de emoción.

Thornton reste sig långsamt upp, hans ögon lyste av känslor.

Las lágrimas corrían abiertamente por sus mejillas sin ninguna vergüenza.

Tårar strömmade öppet nerför hans kinder utan någon skam.

"Señor", le dijo al rey del Banco Skookum, firme y firme.

"Herre", sade han till kungen av Skookum-bänken, stadig och bestämd

—No, señor. Puede irse al infierno, señor. Esa es mi última respuesta.

"Nej, sir. Ni kan dra åt helvete, sir. Det är mitt slutgiltiga svar."

Buck agarró suavemente la mano de Thornton con sus fuertes mandíbulas.

Buck grep försiktigt Thorntons hand med sina starka käkar.

Thornton lo sacudió juguetonamente; su vínculo era más profundo que nunca.

Thornton skakade honom lekfullt, deras band var lika djupt som alltid.

La multitud, conmovida por el momento, retrocedió en silencio.

Folkmassan, berörd av ögonblicket, tog ett tyst steg tillbaka.

Desde entonces nadie se atrevió a interrumpir tan sagrado afecto.

Från och med då vågade ingen avbryta sådan helig tillgivenhet.

El sonido de la llamada
Ljudet av samtalet

Buck había ganado mil seiscientos dólares en cinco minutos.
Buck hade tjänat sextonhundra dollar på fem minuter.
El dinero permitió a John Thornton pagar algunas de sus deudas.
Pengarna lät John Thornton betala av en del av sina skulder.
Con el resto del dinero se dirigió al Este con sus socios.
Med resten av pengarna begav han sig österut med sina partners.
Buscaban una legendaria mina perdida, tan antigua como el país mismo.
De sökte efter en sägenomspunnen förlorad gruva, lika gammal som landet självt.
Muchos hombres habían buscado la mina, pero pocos la habían encontrado.
Många män hade letat efter gruvan, men få hade någonsin hittat den.
Más de unos pocos hombres habían desaparecido durante la peligrosa búsqueda.
Mer än ett fåtal män hade försvunnit under den farliga jakten.
Esta mina perdida estaba envuelta en misterio y vieja tragedia.
Denna förlorade gruva var insvept i både mystik och gammal tragedi.
Nadie sabía quién había sido el primer hombre que encontró la mina.
Ingen visste vem den första mannen som hittade gruvan hade varit.
Las historias más antiguas no mencionan a nadie por su nombre.
De äldsta berättelserna nämner ingen vid namn.
Siempre había habido allí una antigua y destartalada cabaña.
Där hade alltid funnits en gammal fallfärdig stuga.

Los hombres moribundos habían jurado que había una mina al lado de aquella vieja cabaña.

Döende män hade svurit att det fanns en gruva bredvid den gamla stugan.

Probaron sus historias con oro como ningún otro en ningún otro lugar.

De bevisade sina historier med guld som inget annat finns.

Ningún alma viviente había jamás saqueado el tesoro de aquel lugar.

Ingen levande själ hade någonsin plundrat skatten från den platsen.

Los muertos estaban muertos, y los muertos no cuentan historias.

De döda var döda, och döda män berättar inga historier.

Entonces Thornton y sus amigos se dirigieron al Este.

Så Thornton och hans vänner begav sig österut.

Pete y Hans se unieron, trayendo a Buck y seis perros fuertes.

Pete och Hans anslöt sig, medförande Buck och sex starka hundar.

Se embarcaron en un camino desconocido donde otros habían fracasado.

De gav sig av in på en okänd stig där andra hade misslyckats.

Se deslizaron en trineo setenta millas por el congelado río Yukón.

De åkte kälk drygt sju mil uppför den frusna Yukonfloden.

Giraron a la izquierda y siguieron el sendero hacia Stewart.

De svängde vänster och följde leden in i Stewart.

Pasaron Mayo y McQuestion y siguieron adelante.

De passerade Mayo och McQuestion och fortsatte vidare.

El río Stewart se encogió y se convirtió en un arroyo, atravesando picos irregulares.

Stewartfloden krympte in i en bäck och släpade sig längs spetsiga toppar.

Estos picos afilados marcaban la columna vertebral del continente.

Dessa vassa toppar markerade själva kontinentens ryggrad.

John Thornton exigía poco a los hombres y a la tierra salvaje.
John Thornton krävde föga av människor eller det vilda landskapet.
No temía a nada de la naturaleza y se enfrentaba a lo salvaje con facilidad.
Han fruktade ingenting i naturen och mötte vildmarken med lätthet.
Con sólo sal y un rifle, podría viajar a donde quisiera.
Med bara salt och ett gevär kunde han resa vart han ville.
Al igual que los nativos, cazaba alimentos mientras viajaba.
Liksom infödingarna jagade han mat medan han färdades.
Si no pescaba nada, seguía adelante, confiando en que la suerte le acompañaría.
Om han inte fångade något fortsatte han och litade på turen.
En este largo viaje, la carne era lo principal que comían.
På denna långa resa var kött det viktigaste de åt.
El trineo contenía herramientas y municiones, pero no un horario estricto.
Släden innehöll verktyg och ammunition, men inget strikt tidtabell.
A Buck le encantaba este vagabundeo, la caza y la pesca interminables.
Buck älskade detta irrande; den oändliga jakten och fisket.
Durante semanas estuvieron viajando día tras día.
I veckor reste de dag efter stadig dag.
Otras veces montaban campamentos y permanecían allí durante semanas.
Andra gånger slog de läger och stannade stilla i veckor.
Los perros descansaron mientras los hombres cavaban en la tierra congelada.
Hundarna vilade medan männen grävde genom frusen jord.
Calentaron sartenes sobre el fuego y buscaron oro escondido.
De värmde pannor över eldar och letade efter gömt guld.
Algunos días pasaban hambre y otros días tenían fiestas.
Vissa dagar svalt de, och andra dagar hade de fester.
Sus comidas dependían de la presa y de la suerte de la caza.

Deras måltider berodde på viltet och jaktturen.

Cuando llegaba el verano, los hombres y los perros cargaban cargas sobre sus espaldas.

När sommaren kom packade män och hundar bördor på sina ryggar.

Navegaron por lagos azules escondidos en bosques de montaña.

De forsrännade över blå sjöar gömda i bergskogar.

Navegaban en delgadas embarcaciones por ríos que ningún hombre había cartografiado jamás.

De seglade smala båtar på floder som ingen människa någonsin hade kartlagt.

Esos barcos se construyeron a partir de árboles que cortaban en la naturaleza.

De där båtarna byggdes av träd som de sågade i naturen.

Los meses pasaron y ellos serpentearon por tierras salvajes y desconocidas.

Månaderna gick, och de slingrade sig genom de vilda okända länderna.

No había hombres allí, aunque había rastros antiguos que indicaban que había habido hombres.

Det fanns inga män där, men gamla spår antydde att det hade funnits män.

Si la Cabaña Perdida fue real, entonces otras personas habían pasado por allí alguna vez.

Om den förlorade stugan var verklig, så hade andra en gång kommit hit.

Cruzaron pasos altos en medio de tormentas de nieve, incluso en verano.

De korsade höga pass i snöstormar, även under sommaren.

Temblaban bajo el sol de medianoche en las laderas desnudas de las montañas.

De huttrade under midnattssolen på kala bergssluttningar.

Entre la línea de árboles y los campos de nieve, subieron lentamente.

Mellan trädgränsen och snöfälten klättrade de långsamt.

En los valles cálidos, aplastaban nubes de mosquitos y moscas.
I varma dalar slog de mot moln av knott och flugor.
Recogieron bayas dulces cerca de los glaciares en plena floración del verano.
De plockade söta bär nära glaciärer i full sommarblomning.
Las flores que encontraron eran tan hermosas como las de las Tierras del Sur.
Blommorna de hittade var lika vackra som de i Söderlandet.
Ese otoño llegaron a una región solitaria llena de lagos silenciosos.
Den hösten nådde de en enslig region fylld med tysta sjöar.
La tierra estaba triste y vacía, una vez llena de pájaros y bestias.
Landet var sorgset och tomt, en gång levt av fåglar och djur.
Ahora no había vida, sólo el viento y el hielo formándose en charcos.
Nu fanns det inget liv, bara vinden och isen som bildades i pölar.
Las olas golpeaban las orillas vacías con un sonido suave y triste.
Vågor sköljde mot tomma stränder med ett mjukt, sorgset ljud.

Llegó otro invierno y volvieron a seguir los viejos y tenues senderos.
Ännu en vinter kom, och de följde återigen svaga, gamla stigar.
Éstos eran los rastros de hombres que habían buscado mucho antes que ellos.
Dessa var spåren efter män som hade sökt långt före dem.
Un día encontraron un camino que se adentraba profundamente en el bosque oscuro.
En gång hittade de en stig djupt in i den mörka skogen.
Era un sendero antiguo y sintieron que la cabaña perdida estaba cerca.

Det var en gammal stig, och de kände att den förlorade stugan
var nära.

**Pero el sendero no conducía a ninguna parte y se perdía en
el espeso bosque.**

Men stigen ledde ingenstans och bleknade bort in i den täta
skogen.

Nadie sabe quién hizo el sendero ni por qué lo hizo.

Vem som än gjorde leden, och varför de gjorde den, visste
ingen.

**Más tarde encontraron los restos de una cabaña escondidos
entre los árboles.**

Senare hittade de vraket av en stuga gömd bland träden.

**Mantas podridas yacían esparcidas donde alguna vez
alguien había dormido.**

Ruttnande filtar låg utspridda där någon en gång hade sovit.

**John Thornton encontró una pistola de chispa de cañón
largo enterrada en el interior.**

John Thornton hittade ett flintlås med lång pipa begravt inuti.

**Sabía que se trataba de un cañón de la Bahía de Hudson
desde los primeros días de su comercialización.**

Han visste att detta var en Hudson Bay-kanon från tidiga
handelsdagar.

**En aquella época, estas armas se intercambiaban por
montones de pieles de castor.**

På den tiden byttes sådana vapen mot högar av bäverskinn.

**Eso fue todo: no quedó ninguna pista del hombre que
construyó el albergue.**

Det var allt – ingen ledtråd återstod om mannen som byggt
stugan.

**Llegó nuevamente la primavera y no encontraron ninguna
señal de la Cabaña Perdida.**

Våren kom igen, och de fann inga tecken på den Försvunna
Stugan.

**En lugar de eso encontraron un valle amplio con un arroyo
poco profundo.**

Istället fann de en bred dal med en grund bäck.

El oro se extendía sobre el fondo de las sartenes como mantequilla suave y amarilla.

Guld låg över pannbottnarna som slätt, gult smör.

Se detuvieron allí y no buscaron más la cabaña.

De stannade där och letade inte längre efter stugan.

Cada día trabajaban y encontraban miles en polvo de oro.

Varje dag arbetade de och fann tusentals i gulddamm.

Empaquetaron el oro en bolsas de piel de alce, de cincuenta libras cada una.

De packade guldet i påsar med älgskinn, femtio pund styck.

Las bolsas estaban apiladas como leña afuera de su pequeña cabaña.

Väskorna var staplade som ved utanför deras lilla stuga.

Trabajaron como gigantes y los días pasaban como sueños rápidos.

De arbetade som jättar, och dagarna gick som snabba drömmar,

Acumularon tesoros a medida que los días interminables transcurrían rápidamente.

De samlade skatter medan de oändliga dagarna snabbt rann förbi.

Los perros no tenían mucho que hacer excepto transportar carne de vez en cuando.

Det fanns inte mycket för hundarna att göra förutom att bära kött då och då.

Thornton cazó y mató el animal, y Buck se quedó tendido junto al fuego.

Thornton jagade och dödade viltet, och Buck låg vid elden.

Pasó largas horas en silencio, perdido en sus pensamientos y recuerdos.

Han tillbringade långa timmar i tystnad, försjunken i tankar och minnen.

La imagen del hombre peludo venía cada vez más a la mente de Buck.

Bilden av den hårige mannen dök upp allt oftare i Bucks sinne.

Ahora que el trabajo escaseaba, Buck soñaba mientras parpadeaba ante el fuego.

Nu när arbetet var knappt, drömde Buck medan han blinkade mot elden.

En esos sueños, Buck vagaba con el hombre en otro mundo.

I de drömmarna vandrade Buck med mannen i en annan värld.

El miedo parecía el sentimiento más fuerte en ese mundo distante.

Rädsla verkade vara den starkaste känslan i den avlägsna världen.

Buck vio al hombre peludo dormir con la cabeza gacha.

Buck såg den hårige mannen sova med huvudet sänkt.

Tenía las manos entrelazadas y su sueño era inquieto y entrecortado.

Hans händer var knäppta, och hans sömn var orolig och avbruten.

Solía despertarse sobresaltado y mirar con miedo hacia la oscuridad.

Han brukade vakna med ett ryck och stirra förskräckt in i mörkret.

Luego echaba más leña al fuego para mantener la llama brillante.

Sedan kastade han mer ved på elden för att hålla lågan stark.

A veces caminaban por una playa junto a un mar gris e interminable.

Ibland promenerade de längs en strand vid ett grått, oändligt hav.

El hombre peludo recogía mariscos y los comía mientras caminaba.

Den hårige mannen plockade skaldjur och åt dem medan han gick.

Sus ojos buscaban siempre peligros ocultos en las sombras.

Hans ögon sökte alltid efter dolda faror i skuggorna.

Sus piernas siempre estaban listas para correr ante la primera señal de amenaza.

Hans ben var alltid redo att spurta vid första tecken på hot.

Se arrastraron por el bosque, silenciosos y cautelosos, uno al lado del otro.

De smög genom skogen, tysta och vaksamma, sida vid sida.

Buck lo siguió de cerca y ambos se mantuvieron alerta.

Buck följde i hans hästar, och båda förblev vaksamma.

Sus orejas se movían y temblaban, sus narices olfateaban el aire.

Deras öron ryckte och rörde sig, deras näsor sniffade i luften.

El hombre podía oír y oler el bosque tan agudamente como Buck.

Mannen kunde höra och känna lukten av skogen lika skarpt som Buck.

El hombre peludo se balanceó entre los árboles con una velocidad repentina.

Den hårige mannen svängde sig genom träden med plötslig hastighet.

Saltaba de rama en rama sin perder nunca su agarre.

Han hoppade från gren till gren och tappade aldrig greppet.

Se movió tan rápido sobre el suelo como sobre él.

Han rörde sig lika snabbt ovanför marken som han gjorde på den.

Buck recordó las largas noches bajo los árboles, haciendo guardia.

Buck mindes långa nätter under träden, där han höll vakt.

El hombre dormía recostado en las ramas, aferrado fuertemente.

Mannen sov och hvilade i grenarna och klamrade sig hårt fast.

Esta visión del hombre peludo estaba estrechamente ligada al llamado profundo.

Denna syn av den hårige mannen var nära knuten till det djupa kallet.

El llamado aún resonaba en el bosque con una fuerza inquietante.

Ropet ljöd fortfarande genom skogen med spöklik kraft.

La llamada llenó a Buck de anhelo y una inquieta sensación de alegría.

Samtalet fyllde Buck med längtan och en rastlös känsla av
glädje.
**Sintió impulsos y agitaciones extrañas que no podía
nombrar.**
Han kände märkliga drifter och impulser som han inte kunde
namnge.
**A veces seguía la llamada hasta lo profundo del tranquilo
bosque.**
Ibland följde han kallelsen djupt in i den tysta skogen.
**Buscó el llamado, ladrando suave o agudamente mientras
caminaba.**
Han sökte efter ropet och skällde mjukt eller skarpt allt
eftersom han gick.
Olfateó el musgo y la tierra negra donde crecían las hierbas.
Han luktade på mossan och den svarta jorden där gräset
växte.
Resopló de alegría ante los ricos olores de la tierra profunda.
Han fnös av förtjusning åt de rika dofterna från den djupa
jorden.
**Se agazapó durante horas detrás de troncos cubiertos de
hongos.**
Han hukade sig i timmar bakom stammar täckta av svamp.
**Se quedó quieto, escuchando con los ojos muy abiertos cada
pequeño sonido.**
Han stod stilla och lyssnade med stora ögon på varje litet ljud.
**Quizás esperaba sorprender al objeto que le había hecho el
llamado.**
Han kanske hoppades kunna överraska den sak som ringde.
Él no sabía por qué actuaba así: simplemente lo hacía.
Han visste inte varför han agerade så här – han bara gjorde
det.
**Los impulsos venían desde lo más profundo, más allá del
pensamiento o la razón.**
Driften kom djupt inifrån, bortom tanke eller förnuft.
**Impulsos irresistibles se apoderaron de Buck sin previo
aviso ni razón.**

Oemotståndliga drifter grep tag i Buck utan förvarning eller anledning.

A veces dormitaba perezosamente en el campamento bajo el calor del mediodía.

Ibland slumrade han lojt i lägret i middagsvärmen.

De repente, su cabeza se levantó y sus orejas se levantaron en alerta.

Plötsligt lyftes hans huvud och hans öron skjuter i höjden.

Entonces se levantó de un salto y se lanzó hacia lo salvaje sin detenerse.

Sedan sprang han upp och rusade ut i vildmarken utan att stanna.

Corrió durante horas por senderos forestales y espacios abiertos.

Han sprang i timmar genom skogsstigar och öppna ytor.

Le encantaba seguir los lechos de los arroyos secos y espiar a los pájaros en los árboles.

Han älskade att följa torra bäckfåror och spionera på fåglar i träden.

Podría permanecer escondido todo el día, mirando a las perdices pavonearse.

Han kunde ligga gömd hela dagen och titta på rapphöns som spatserade omkring.

Ellos tamborilearon y marcharon, sin percatarse de la presencia todavía de Buck.

De trummade och marscherade, omedvetna om Bucks stilla närvaro.

Pero lo que más le gustaba era correr al atardecer en verano.

Men det han älskade mest var att springa i skymningen på sommaren.

La tenue luz y los sonidos soñolientos del bosque lo llenaron de alegría.

Det svaga ljuset och de sömniga skogsljuden fyllde honom med glädje.

Leyó las señales del bosque tan claramente como un hombre lee un libro.

Han läste skogens tecken lika tydligt som en man läser en bok.

Y siempre buscaba aquella cosa extraña que lo llamaba.

Och han sökte alltid efter den märkliga saken som kallade på honom.

Ese llamado nunca se detuvo: lo alcanzaba despierto o dormido.

Den kallelsen upphörde aldrig – den nådde honom vaken eller sovande.

Una noche, se despertó sobresaltado, con los ojos alerta y las orejas alerta.

En natt vaknade han ryckte till, med skarpa ögon och höga öron.

Sus fosas nasales se crisparon mientras su melena se erizaba en ondas.

Hans näsborrar ryckte till medan hans man stod borstig i vågor.

Desde lo profundo del bosque volvió a oírse el sonido, el viejo llamado.

Från djupet av skogen kom ljudet igen, det gamla ropet.

Esta vez el sonido sonó claro, un aullido largo, inquietante y familiar.

Den här gången ljöd ljudet tydligt, ett långt, spöklikt, bekant ylande.

Era como el grito de un husky, pero extraño y salvaje en tono.

Det var som en huskys rop, men konstigt och vilt i tonen.

Buck reconoció el sonido al instante: había oído exactamente el mismo sonido hacía mucho tiempo.

Buck kände igen ljudet genast – han hade hört exakt det ljudet för länge sedan.

Saltó a través del campamento y desapareció rápidamente en el bosque.

Han hoppade genom lägret och försvann snabbt in i skogen.

A medida que se acercaba al sonido, disminuyó la velocidad y se movió con cuidado.

När han närmade sig ljudet saktade han ner och rörde sig försiktigt.

Pronto llegó a un claro entre espesos pinos.
Snart nådde han en glänta mellan täta tallar.
Allí, erguido sobre sus cuartos traseros, estaba sentado un lobo de bosque alto y delgado.
Där, upprätt på bakbenen, satt en lång, mager skogsvarg.
La nariz del lobo apuntaba hacia el cielo, todavía haciendo eco del llamado.
Vargens nos pekade mot himlen, fortfarande ekande av ropet.
Buck no había emitido ningún sonido, pero el lobo se detuvo y escuchó.
Buck hade inte låtit ifrån sig något ljud, ändå stannade vargen och lyssnade.
Sintiendo algo, el lobo se tensó y buscó en la oscuridad.
Vargen kände något, spände sig och sökte i mörkret.
Buck apareció sigilosamente, con el cuerpo agachado y los pies quietos sobre el suelo.
Buck smög sig in i sikte, med låg kropp och fötterna tysta på marken.
Su cola estaba recta y su cuerpo enroscado por la tensión.
Hans svans var rak, hans kropp spänd av spänning.
Mostró al mismo tiempo una amenaza y una especie de amistad ruda.
Han visade både hot och ett slags rå vänskap.
Fue el saludo cauteloso que compartían las bestias salvajes.
Det var den försiktiga hälsning som delas av vilda djur.
Pero el lobo se dio la vuelta y huyó tan pronto como vio a Buck.
Men vargen vände sig om och flydde så fort den såg Buck.
Buck lo persiguió, saltando salvajemente, ansioso por alcanzarlo.
Buck jagade efter den, hoppade vilt, ivrig att hinna om den.
Siguió al lobo hasta un arroyo seco bloqueado por un atasco de madera.
Han följde vargen in i en torr bäck som var blockerad av en timmerstockning.
Acorralado, el lobo giró y se mantuvo firme.
Inträngd i ett hörn snurrade vargen om och stod fast.

El lobo gruñó y mordió a su presa como un perro husky atrapado en una pelea.

Vargen morrade och fräste som en instängd huskyhund i ett slagsmål.

Los dientes del lobo chasquearon rápidamente y su cuerpo se erizó de furia salvaje.

Vargens tänder klickade snabbt, dess kropp borstade av vild ursinne.

Buck no atacó, sino que rodeó al lobo con cautelosa amabilidad.

Buck attackerade inte utan gick omgivande runt vargen med försiktig vänlighet.

Intentó bloquear su escape con movimientos lentos e inofensivos.

Han försökte hindra sin flykt med långsamma, ofarliga rörelser.

El lobo estaba cauteloso y asustado: Buck pesaba tres veces más que él.

Vargen var vaksam och rädd – Buck var tre gånger starkare än honom.

La cabeza del lobo apenas llegaba hasta el enorme hombro de Buck.

Vargens huvud nådde knappt upp till Bucks massiva axel.

Al acecho de un hueco, el lobo salió disparado y la persecución comenzó de nuevo.

Vargen spanade efter en lucka, flydde och jakten började igen.

Varias veces Buck lo acorraló y el baile se repitió.

Flera gånger trängde Buck honom in i ett hörn, och dansen upprepade sig.

El lobo estaba delgado y débil, de lo contrario Buck no podría haberlo atrapado.

Vargen var mager och svag, annars kunde Buck inte ha fångat honom.

Cada vez que Buck se acercaba, el lobo giraba y lo enfrentaba con miedo.

Varje gång Buck närmade sig snurrade vargen runt och mötte honom i rädsla.

Luego, a la primera oportunidad, se lanzó de nuevo al bosque.

Sedan, vid första chansen, rusade han iväg in i skogen igen.

Pero Buck no se dio por vencido y finalmente el lobo comenzó a confiar en él.

Men Buck gav inte upp, och till slut började vargen lita på honom.

Olió la nariz de Buck y los dos se pusieron juguetones y alertas.

Han snörvlade Bucks näsa, och de två blev lekfulla och vaksamma.

Jugaban como animales salvajes, feroces pero tímidos en su alegría.

De lekte som vilda djur, vildsinta men blyga i sin glädje.

Después de un rato, el lobo se alejó trotando con calma y propósito.

Efter en stund travade vargen iväg med lugnt och avsiktligt.

Le demostró claramente a Buck que tenía la intención de que lo siguieran.

Han visade tydligt Buck att han ville bli förföljd.

Corrieron uno al lado del otro a través de la penumbra del crepúsculo.

De sprang sida vid sida genom skymningsmörkret.

Siguieron el lecho del arroyo hasta el desfiladero rocoso.

De följde bäckfåran upp i den klippiga ravinen.

Cruzaron una divisoria fría donde había comenzado el arroyo.

De korsade en kall klyfta där strömmen hade börjat.

En la ladera más alejada encontraron un extenso bosque y numerosos arroyos.

På den bortre sluttningen fann de vidsträckt skog och många bäckar.

Por esta vasta tierra corrieron durante horas sin parar.

Genom detta vidsträckta land sprang de i timmar utan att stanna.

El sol salió más alto, el aire se calentó, pero ellos siguieron corriendo.

Solen steg högre, luften blev varmare, men de sprang vidare.

Buck estaba lleno de alegría: sabía que estaba respondiendo a su llamado.

Buck var fylld av glädje – han visste att han svarade på sitt kall.

Corrió junto a su hermano del bosque, más cerca de la fuente del llamado.

Han sprang bredvid sin skogsbror, närmare källan till samtalet.

Los viejos sentimientos regresaron, poderosos y difíciles de ignorar.

Gamla känslor återvände, starka och svåra att ignorera.

Éstas eran las verdades detrás de los recuerdos de sus sueños.

Det här var sanningarna bakom minnena från hans drömmar.

Todo esto ya lo había hecho antes, en un mundo distante y sombrío.

Han hade gjort allt detta förut i en avlägsen och skuggig värld.

Ahora lo hizo de nuevo, corriendo salvajemente con el cielo abierto encima.

Nu gjorde han detta igen, och sprang vilt med den öppna himlen ovanför.

Se detuvieron en un arroyo para beber del agua fría que fluía.

De stannade vid en bäck för att dricka av det kalla, strömmande vattnet.

Mientras bebía, Buck de repente recordó a John Thornton.

Medan han drack kom Buck plötsligt ihåg John Thornton.

Se sentó en silencio, desgarrado por la atracción de la lealtad y el llamado.

Han satte sig ner i tystnad, sliten av lojalitetens och kallelsens dragningskraft.

El lobo siguió trotando, pero regresó para impulsar a Buck a seguir adelante.

Vargen travade vidare, men kom tillbaka för att mana Buck framåt.

Le olisqueó la nariz y trató de convencerlo con gestos suaves.

Han snörvlade på näsan och försökte locka honom med mjuka gester.

Pero Buck se dio la vuelta y comenzó a regresar por donde había venido.

Men Buck vände sig om och började gå tillbaka samma väg som han kommit.

El lobo corrió a su lado durante un largo rato, gimiendo silenciosamente.

Vargen sprang bredvid honom en lång stund och gnällde tyst.

Luego se sentó, levantó la nariz y dejó escapar un largo aullido.

Sedan satte han sig ner, höjde på näsan och släppte ut ett långt ylande.

Fue un grito triste, que se suavizó cuando Buck se alejó.

Det var ett sorgset skrik som mjuknade när Buck gick därifrån.

Buck escuchó mientras el sonido del grito se desvanecía lentamente en el silencio del bosque.

Buck lyssnade medan ljudet av ropet långsamt försvann in i skogens tystnad.

John Thornton estaba cenando cuando Buck irrumpió en el campamento.

John Thornton åt middag när Buck stormade in i lägret.

Buck saltó sobre él salvajemente, lamiéndolo, mordiéndolo y haciéndolo caer.

Buck hoppade vilt på honom, slickade, bet och fällde honom.

Lo derribó, se subió encima y le besó la cara.

Han välte honom, klättrade upp på honom och kysste honom i ansiktet.

Thornton lo llamó con cariño "hacer el tonto en general".

Thornton kallade detta att "spela den allmänna dåren" med tillgivenhet.

Mientras tanto, maldijo a Buck suavemente y lo sacudió de un lado a otro.

Hela tiden förbannade han Buck milt och skakade honom fram och tillbaka.

Durante dos días y dos noches enteras, Buck no abandonó el campamento ni una sola vez.

I två hela dagar och nätter lämnade Buck inte lägret en enda gång.

Se mantuvo cerca de Thornton y nunca lo perdió de vista.

Han höll sig nära Thornton och släppte honom aldrig ur sikte.

Lo siguió mientras trabajaba y lo observó mientras comía.

Han följde honom medan han arbetade och iakttog honom medan han åt.

Acompañaba a Thornton con sus mantas por la noche y lo salía cada mañana.

Han såg Thornton ligga nere i sina filtar på natten och vara ute varje morgon.

Pero pronto el llamado del bosque regresó, más fuerte que nunca.

Men snart återvände skogens rop, högre än någonsin förr.

Buck volvió a inquietarse, agitado por los pensamientos del lobo salvaje.

Buck blev rastlös igen, upprörd av tankar på den vilda vargen.

Recordó el terreno abierto y correr uno al lado del otro.

Han mindes det öppna landskapet och att de sprang sida vid sida.

Comenzó a vagar por el bosque una vez más, solo y alerta.

Han började vandra in i skogen igen, ensam och vaken.

Pero el hermano salvaje no regresó y el aullido no se escuchó.

Men den vilde brodern återvände inte, och ylandet hördes inte.

Buck comenzó a dormir a la intemperie, manteniéndose alejado durante días.

Buck började sova utomhus och höll sig borta i flera dagar i sträck.

Una vez cruzó la alta divisoria donde había comenzado el arroyo.

En gång korsade han den höga klyftan där bäcken hade börjat.

Entró en la tierra de la madera oscura y de los arroyos anchos y fluidos.

Han kom in i det mörka skogslandet och de vida, strömmande bäckarna.

Durante una semana vagó en busca de señales del hermano salvaje.

I en vecka vandrade han omkring och letade efter tecken på den vilde brodern.

Mataba su propia carne y viajaba con pasos largos e incansables.

Han dödade sitt eget kött och färdades med långa, outtröttliga steg.

Pescaba salmón en un ancho río que llegaba al mar.

Han fiskade lax i en bred älv som nådde havet.

Allí luchó y mató a un oso negro enloquecido por los insectos.

Där kämpade han mot och dödade en svartbjörn som var galen av insekter.

El oso estaba pescando y corrió ciegamente entre los árboles.

Björnen hade fiskat och sprang i blindo genom träden.

La batalla fue feroz y despertó el profundo espíritu de lucha de Buck.

Striden var hård och väckte Bucks djupa kampanda.

Dos días después, Buck regresó y encontró glotones en su presa.

Två dagar senare återvände Buck och fann järvar vid sitt byte.

Una docena de ellos se pelearon con furia y ruidosidad por la carne.

Ett dussin av dem grälade om köttet i högljudd ursinne.

Buck cargó y los dispersó como hojas en el viento.

Buck anföll och spred dem som löv i vinden.

Dos lobos permanecieron atrás, silenciosos, sin vida e inmóviles para siempre.

Två vargar blev kvar – tysta, livlösa och orörliga för evigt.

La sed de sangre se hizo más fuerte que nunca.

Blodstörsten blev starkare än någonsin.

Buck era un cazador, un asesino, que se alimentaba de criaturas vivas.

Buck var en jägare, en mördare, som livnärde sig på levande varelser.

Sobrevivió solo, confiando en su fuerza y sus sentidos agudos.

Han överlevde ensam, förlitande på sin styrka och sina skarpa sinnen.

Prosperó en la naturaleza, donde sólo los más resistentes podían vivir.

Han trivdes i det vilda, där bara de tuffaste fick leva.

A partir de esto, un gran orgullo surgió y llenó todo el ser de Buck.

Ur detta steg en stor stolthet upp och fyllde hela Bucks varelse.

Su orgullo se reflejaba en cada uno de sus pasos, en el movimiento de cada músculo.

Hans stolthet syntes i varje steg, i varje muskels krusning.

Su orgullo era tan claro como sus palabras, y se reflejaba en su manera de comportarse.

Hans stolthet var lika tydlig som tal, vilket syntes i hur han bar sig.

Incluso su grueso pelaje parecía más majestuoso y brillaba más.

Till och med hans tjocka päls såg majestätiskare ut och glänste starkare.

Buck podría haber sido confundido con un lobo gigante.

Buck kunde ha misstagits för en gigantisk skogsvarg.

A excepción del color marrón en el hocico y las manchas sobre los ojos.

Förutom brunt på nosen och fläckar ovanför ögonen.

Y la raya blanca de pelo que corría por el centro de su pecho.

Och den vita pälsstrimman som löpte ner längs mitten av hans bröst.

Era incluso más grande que el lobo más grande de esa feroz raza.

Han var till och med större än den största vargen av den vildsint rasen.

Su padre, un San Bernardo, le dio tamaño y complexión robusta.

Hans far, en sankt bernhardshund, gav honom storlek och kraftig kroppsbyggnad.

Su madre, una pastora, moldeó esa masa hasta darle forma de lobo.

Hans mor, en herde, formade den där massan till en vargliknande skepnad.

Tenía el hocico largo de un lobo, aunque más pesado y ancho.

Han hade en vargs långa nosparti, fast tyngre och bredare.

Su cabeza era la de un lobo, pero construida en una escala enorme y majestuosa.

Hans huvud var en vargs, men byggt i en massiv, majestätisk skala.

La astucia de Buck era la astucia del lobo y de la naturaleza.

Bucks slughet var vargens och vildmarkens slughet.

Su inteligencia provenía tanto del pastor alemán como del san bernardo.

Hans intelligens kom från både schäfern och sankt bernhard.

Todo esto, más la dura experiencia, lo convirtieron en una criatura temible.

Allt detta, plus hårda erfarenheter, gjorde honom till en fruktad varelse.

Era tan formidable como cualquier bestia que vagaba por las tierras salvajes del norte.

Han var lika formidabel som alla andra bestar som strövade omkring i den norra vildmarken.

Viviendo sólo de carne, Buck alcanzó el máximo nivel de su fuerza.

Buck levde enbart på kött och nådde sin fulla topp.

Rebosaba poder y fuerza masculina en cada fibra de él.

Han flödade över av kraft och manlig kraft i varje fiber av honom.

Cuando Thornton le acarició la espalda, sus pelos brillaron con energía.

När Thornton strök honom över ryggen glittrade hårstråna av energi.

Cada cabello crujió, cargado con el toque de un magnetismo vivo.

Varje hårstrå knastrade, laddat med en levande magnetism.

Su cuerpo y su cerebro estaban afinados al máximo nivel posible.

Hans kropp och hjärna var inställda på finaste möjliga tonhöjd.

Cada nervio, fibra y músculo trabajaba en perfecta armonía.

Varje nerv, fiber och muskel fungerade i perfekt harmoni.

Ante cualquier sonido o visión que requiriera acción, él respondía instantáneamente.

På varje ljud eller syn som krävde åtgärd reagerade han omedelbart.

Si un husky saltaba para atacar, Buck podía saltar el doble de rápido.

Om en husky hoppade för att attackera, kunde Buck hoppa dubbelt så snabbt.

Reaccionó más rápido de lo que los demás pudieron verlo o escuchar.

Han reagerade snabbare än andra ens kunde se eller höra.

La percepción, la decisión y la acción se produjeron en un momento fluido.

Uppfattning, beslut och handling kom allt i ett flytande ögonblick.

En realidad, estos actos fueron separados, pero demasiado rápidos para notarlos.

I själva verket var dessa handlingar separata, men för snabba för att märkas.

Los intervalos entre estos actos fueron tan breves que parecían uno solo.

Så korta var mellanrummen mellan dessa handlingar att de verkade som en enda.

Sus músculos y su ser eran como resortes fuertemente enrollados.

Hans muskler och varelse var som hårt spiralformade fjädrar.

Su cuerpo rebosaba de vida, salvaje y alegre en su poder.

Hans kropp böljade av liv, vild och glädjefylld i sin kraft.

A veces sentía como si la fuerza fuera a estallar fuera de él por completo.

Ibland kändes det som om kraften skulle bryta ur honom helt.

"Nunca vi un perro así", dijo Thornton un día tranquilo.

"Det har aldrig funnits en sådan hund", sa Thornton en lugn dag.

Los socios observaron a Buck alejarse orgullosamente del campamento.

Partnerna såg Buck stolt komma ut ur lägret.

"Cuando lo crearon, cambió lo que un perro puede ser", dijo Pete.

"När han blev skapad förändrade han vad en hund kan vara", sa Pete.

—¡Por Dios! Yo también lo creo —respondió Hans rápidamente.

"Vid Jesus! Jag tror det själv", höll Hans snabbt med.

Lo vieron marcharse, pero no el cambio que vino después.

De såg honom marschera iväg, men inte förändringen som kom efteråt.

Tan pronto como entró en el bosque, Buck se transformó por completo.

Så fort han kom in i skogen förvandlades Buck fullständigt.

Ya no marchaba, sino que se movía como un fantasma salvaje entre los árboles.

Han marscherade inte längre, utan rörde sig som ett vilt spöke bland träden.

Se quedó en silencio, con pasos de gato, un destello que pasaba entre las sombras.

Han blev tyst, kattfotad, en flimmer som for genom skuggorna.

Utilizó la cubierta con habilidad, arrastrándose sobre su vientre como una serpiente.

Han täckte sig skickligt och kröp på magen som en orm.

Y como una serpiente, podía saltar hacia adelante y atacar en silencio.

Och likt en orm kunde han hoppa fram och slå till i tystnad.

Podría robar una perdiz nival directamente de su nido escondido.

Han kunde stjäla en ripa direkt från dess gömda bo.

Mató conejos dormidos sin hacer un solo sonido.

Han dödade sovande kaniner utan ett enda ljud.

Podía atrapar ardillas en el aire cuando huían demasiado lentamente.

Han kunde fånga jordekorrar mitt i luften eftersom de flydde för långsamt.

Ni siquiera los peces en los estanques podían escapar de sus ataques repentinos.

Inte ens fiskar i pölar kunde undkomma hans plötsliga hugg.

Ni siquiera los castores más inteligentes que arreglaban presas estaban a salvo de él.

Inte ens smarta bävrar som lagade dammar var säkra för honom.

Él mataba por comida, no por diversión, pero prefería matar a sus propias víctimas.

Han dödade för mat, inte för skojs skull – men gillade sina egna mord mest.

Aun así, un humor astuto impregnaba algunas de sus cacerías silenciosas.

Ändå genomsyrades en lömsk humor av några av hans tysta jakter.

Se acercó sigilosamente a las ardillas, pero las dejó escapar.

Han kröp nära ekorrarna, bara för att låta dem fly.

Iban a huir hacia los árboles, parloteando con terrible indignación.

De skulle fly till träden, pladdrande av skräckslagen upprördhet.

A medida que llegaba el otoño, los alces comenzaron a aparecer en mayor número.

När hösten kom började älgar dyka upp i större antal.

Avanzaron lentamente hacia los valles bajos para encontrarse con el invierno.

De rörde sig långsamt in i de låga dalarna för att möta vintern.

Buck ya había derribado a un ternero joven y perdido.

Buck hade redan fällt en ung, vilsekommen kalv.

Pero anhelaba enfrentarse a presas más grandes y peligrosas.

Men han längtade efter att möta större, farligare byte.

Un día, en la divisoria, a la altura del nacimiento del arroyo, encontró su oportunidad.

En dag vid skiljevägen, vid bäckens mynning, fann han sin chans.

Una manada de veinte alces había cruzado desde tierras boscosas.

En flock på tjugo älgar hade korsat från skogsmarker.

Entre ellos había un poderoso toro; el líder del grupo.

Bland dem fanns en mäktig tjur; gruppens ledare.

El toro medía más de seis pies de alto y parecía feroz y salvaje.

Tjuren var över två meter hög och såg vild och stark ut.

Lanzó sus anchas astas, con catorce puntas ramificándose hacia afuera.

Han slängde sina breda horn, fjorton spetsar förgrenade sig utåt.

Las puntas de esas astas se extendían siete pies de ancho.

Spetsarna på dessa horn sträckte sig två och en halv meter breda.

Sus pequeños ojos ardieron de rabia cuando vio a Buck cerca.

Hans små ögon brann av ilska när han fick syn på Buck i närheten.

Soltó un rugido furioso, temblando de furia y dolor.

Han släppte ifrån sig ett ursinnigt vrål, darrande av ilska och smärta.

Una punta de flecha sobresalía cerca de su flanco, emplumada y afilada.

En pilspets stack ut nära hans flank, befjädrad och vass.

Esta herida ayudó a explicar su humor salvaje y amargado.

Detta sår bidrog till att förklara hans vilda, bittra humör.

Buck, guiado por su antiguo instinto de caza, hizo su movimiento.

Buck, vägledd av uråldrig jaktinstinkt, gjorde sitt ryck.

Su objetivo era separar al toro del resto de la manada.
Han siktade på att separera tjuren från resten av flocken.
No fue una tarea fácil: requirió velocidad y una astucia feroz.
Detta var ingen lätt uppgift – det krävdes snabbhet och skarp list.
Ladró y bailó cerca del toro, fuera de su alcance.
Han skällde och dansade nära tjuren, precis utom räckhåll.
El alce atacó con enormes pezuñas y astas mortales.
Älgen gjorde utfall med enorma hovar och dödliga horn.
Un golpe podría haber acabado con la vida de Buck en un instante.
Ett enda slag kunde ha avslutat Bucks liv på ett ögonblick.
Incapaz de dejar atrás la amenaza, el toro se volvió loco.
Oförmögen att lämna hotet bakom sig blev tjuren galen.
Él cargó con furia, pero Buck siempre se le escapaba.
Han anföll i raseri, men Buck smet alltid undan.
Buck fingió debilidad, lo que lo alejó aún más de la manada.
Buck fejkade svaghet och lockade honom längre bort från flocken.
Pero los toros jóvenes estaban a punto de atacar para proteger al líder.
Men unga tjurar skulle storma tillbaka för att skydda ledaren.
Obligaron a Buck a retirarse y al toro a reincorporarse al grupo.
De tvingade Buck att retirera och tjuren att återförenas med gruppen.
Hay una paciencia en lo salvaje, profunda e imparable.
Det finns ett tålamod i det vilda, djupt och ostoppbart.
Una araña espera inmóvil en su red durante incontables horas.
En spindel väntar orörlig i sitt nät i otaliga timmar.
Una serpiente se enrosca sin moverse y espera hasta que llega el momento.
En orm slingrar sig utan att rycka och väntar tills det är dags.
Una pantera acecha hasta que llega el momento.
En panter ligger i bakhåll, tills ögonblicket är inne.

Ésta es la paciencia de los depredadores que cazan para sobrevivir.

Detta är tålamodet hos rovdjur som jagar för att överleva.

Esa misma paciencia ardía dentro de Buck mientras se quedaba cerca.

Samma tålamod brann inom Buck medan han höll sig nära.

Se quedó cerca de la manada, frenando su marcha y sembrando el miedo.

Han höll sig nära flocken, saktade ner dess marsch och väckte skräck.

Provocaba a los toros jóvenes y acosaba a las vacas madres.

Han retade de unga tjurarna och trakasserade moderkorna.

Empujó al toro herido hacia una rabia más profunda e impotente.

Han drev den sårade tjuren in i ett djupare, hjälplöst raseri.

Durante medio día, la lucha se prolongó sin descanso alguno.

I en halv dag drog kampen ut utan någon som helst vila.

Buck atacó desde todos los ángulos, rápido y feroz como el viento.

Buck anföll från alla håll, snabbt och våldsamt som vinden.

Impidió que el toro descansara o se escondiera con su manada.

Han hindrade tjuren från att vila eller gömma sig med sin hjord.

Buck desgastó la voluntad del alce más rápido que su cuerpo.

Bock tärde ut älgens vilja snabbare än dess kropp.

El día transcurrió y el sol se hundió en el cielo del noroeste.

Dagen gick och solen sjönk lågt på den nordvästra himlen.

Los toros jóvenes regresaron más lentamente para ayudar a su líder.

De unga tjurarna återvände långsammare för att hjälpa sin ledare.

Las noches de otoño habían regresado y la oscuridad ahora duraba seis horas.

Höstnätterna hade återvänt, och mörkret varade nu i sex timmar.

El invierno los estaba empujando cuesta abajo hacia valles más seguros y cálidos.

Vintern pressade dem utför till säkrare, varmare dalar.

Pero aún así no pudieron escapar del cazador que los retenía.

Men de kunde ändå inte undkomma jägaren som höll dem tillbaka.

Sólo una vida estaba en juego: no la de la manada, sino la de su líder.

Bara ett liv stod på spel – inte flockens, bara deras ledares.

Eso hizo que la amenaza fuera distante y no su preocupación urgente.

Det gjorde hotet avlägset och inte deras akuta angelägenhet.

Con el tiempo, aceptaron ese coste y dejaron que Buck se llevara al viejo toro.

Med tiden accepterade de denna kostnad och lät Buck ta den gamla tjuren.

Al caer la tarde, el viejo toro permanecía con la cabeza gacha.

När skymningen föll stod den gamle tjuren med huvudet nedåt.

Observó cómo la manada que había guiado se desvanecía en la luz que se desvanecía.

Han såg hjorden han hade lett försvinna in i det bleknande ljuset.

Había vacas que había conocido, terneros que una vez había engendrado.

Det fanns kor han hade känt, kalvar han en gång hade fått.

Había toros más jóvenes con los que había luchado y gobernado en temporadas pasadas.

Det fanns yngre tjurar som han hade kämpat mot och regerat under tidigare säsonger.

No pudo seguirlos, pues frente a él estaba agazapado nuevamente Buck.

Han kunde inte följa dem – ty framför honom hukade sig Buck återigen.

El terror despiadado con colmillos bloqueó cualquier camino que pudiera tomar.

Den skoningslösa, huggna skräcken blockerade varje väg han kunde ta.

El toro pesaba más de trescientos kilos de densa potencia.

Tjuren vägde mer än tre hundra vikt tät kraft.

Había vivido mucho tiempo y luchado con ahínco en un mundo de luchas.

Han hade levt länge och kämpat hårt i en värld av kamp.

Pero ahora, al final, la muerte vino de una bestia muy inferior a él.

Ändå, nu, till slut, kom döden från ett odjur långt under honom.

La cabeza de Buck ni siquiera llegó a alcanzar las enormes rodillas del toro.

Bucks huvud nådde inte ens tjurens väldiga, knogiga knän.

A partir de ese momento, Buck permaneció con el toro noche y día.

Från det ögonblicket stannade Buck hos tjuren natt och dag.

Nunca le dio descanso, nunca le permitió pastar ni beber.

Han gav honom aldrig vila, tillät honom aldrig att beta eller dricka.

El toro intentó comer brotes tiernos de abedul y hojas de sauce.

Tjuren försökte äta unga björkskott och pilblad.

Pero Buck lo ahuyentó, siempre alerta y siempre atacando.

Men Buck drev bort honom, alltid vaken och alltid anfallande.

Incluso ante arroyos que goteaban, Buck bloqueó cada intento de sed.

Även vid porlande bäckar blockerade Buck varje törstigt försök.

A veces, desesperado, el toro huía a toda velocidad.

Ibland, i desperation, flydde tjuren i full fart.

Buck lo dejó correr, trotando tranquilamente detrás, nunca muy lejos.

Buck lät honom springa, lugnt hopande strax bakom, aldrig långt borta.

Cuando el alce se detuvo, Buck se acostó, pero se mantuvo
listo.
När älgen stannade lade sig Buck ner, men förblev redo.
Si el toro intentaba comer o beber, Buck atacaba con toda
furia.
Om tjuren försökte äta eller dricka, slog Buck till med full
ilska.
La gran cabeza del toro se hundió aún más bajo sus enormes
astas.
Tjurens stora huvud sänktes lägre under dess väldiga horn.
Su paso se hizo más lento, el trote se hizo pesado, un paso
tambaleante.
Hans tempo saktade ner, travet blev tungt; en stapplande
skritt.
A menudo se quedaba quieto con las orejas caídas y la nariz
pegada al suelo.
Han stod ofta stilla med hängande öron och nosen mot
marken.
Durante esos momentos, Buck se tomó tiempo para beber y
descansar.
Under dessa stunder tog Buck sig tid att dricka och vila.
Con la lengua afuera y los ojos fijos, Buck sintió que la tierra
estaba cambiando.
Med tungan utsträckt, ögonen fästa, kände Buck att landet
förändrades.
Sintió algo nuevo moviéndose a través del bosque y el cielo.
Han kände något nytt röra sig genom skogen och himlen.
A medida que los alces regresaban, también lo hacían otras
criaturas salvajes.
När älgarna återvände, gjorde även andra vilda varelser det.
La tierra se sentía viva, con presencia, invisible pero
fuertemente conocida.
Landet kändes levande med närvaro, osynligt men starkt känt.
No fue por el sonido, ni por la vista, ni por el olfato que
Buck supo esto.
Det var varken genom ljud, syn eller doft som Buck visste
detta.

Un sentimiento más profundo le decía que nuevas fuerzas estaban en movimiento.

En djupare känsla sade honom att nya krafter var i rörelse.

Una vida extraña se agitaba en los bosques y a lo largo de los arroyos.

Märkligt liv rörde sig genom skogarna och längs bäckarna.

Decidió explorar este espíritu, después de que la caza se completara.

Han bestämde sig för att utforska denna ande, efter att jakten var avslutad.

Al cuarto día, Buck finalmente logró derribar al alce.

På den fjärde dagen fällde Buck äntligen älgen.

Se quedó junto a la presa durante un día y una noche enteros, alimentándose y descansando.

Han stannade vid bytet en hel dag och natt, åt och vilade.

Comió, luego durmió, luego volvió a comer, hasta que estuvo fuerte y lleno.

Han åt, sedan sov han, sedan åt han igen, tills han var stark och mätt.

Cuando estuvo listo, regresó hacia el campamento y Thornton.

När han var redo vände han sig tillbaka mot lägret och Thornton.

Con ritmo constante, inició el largo viaje de regreso a casa.

Med jämn takt påbörjade han den långa hemresan.

Corría con su incansable galope, hora tras hora, sin desviarse jamás.

Han sprang i sitt outtröttliga lopp, timme efter timme, utan att någonsin avvika.

A través de tierras desconocidas, se movió recto como la aguja de una brújula.

Genom okända länder rörde han sig rakt som en kompassnål.

Su sentido de la orientación hacía que el hombre y el mapa parecieran débiles en comparación.

Hans riktningssinne fick människan och kartan att verka svaga i jämförelse.

A medida que Buck corría, sentía con más fuerza la agitación en la tierra salvaje.

Medan Buck sprang, kände han starkare av uppståndelsen i det vilda landskapet.

Era un nuevo tipo de vida, diferente a la de los tranquilos meses de verano.

Det var ett nytt slags liv, till skillnad från de lugna sommarmånaderna.

Este sentimiento ya no llegaba como un mensaje sutil o distante.

Denna känsla kom inte längre som ett subtilt eller avlägset budskap.

Ahora los pájaros hablaban de esta vida y las ardillas parloteaban sobre ella.

Nu talade fåglarna om detta liv, och ekorrarna pladdrade om det.

Incluso la brisa susurraba advertencias a través de los árboles silenciosos.

Till och med brisen viskade varningar genom de tysta träden.

Varias veces se detuvo y olió el aire fresco de la mañana.

Flera gånger stannade han och sniffade i den friska morgonluften.

Allí leyó un mensaje que le hizo avanzar más rápido.

Han läste ett meddelande där som fick honom att hoppa framåt snabbare.

Una fuerte sensación de peligro lo llenó, como si algo hubiera salido mal.

En stark känsla av fara fyllde honom, som om något hade gått fel.

Temía que se avecinara una calamidad, o que ya hubiera ocurrido.

Han befarade att olyckan var på väg – eller redan hade kommit.

Cruzó la última cresta y entró en el valle de abajo.

Han korsade den sista bergskammen och kom in i dalen nedanför.

Se movió más lentamente, alerta y cauteloso con cada paso.

Han rörde sig långsammare, vaksam och försiktig med varje steg.

A tres millas de distancia encontró un nuevo rastro que lo hizo ponerse rígido.

Tre mil bort hittade han ett nytt spår som fick honom att stelna till.

El cabello de su cuello se onduló y se erizó en señal de alarma.

Håret längs hans hals krusade och borstade av oro.

El sendero conducía directamente al campamento donde Thornton esperaba.

Stigen ledde rakt mot lägret där Thornton väntade.

Buck se movió más rápido ahora, su paso era silencioso y rápido.

Buck rörde sig snabbare nu, hans steg både tysta och snabba.

Sus nervios se tensaron al leer señales que otros no verían.

Hans nerver spändes när han läste tecken som andra skulle missa.

Cada detalle del recorrido contaba una historia, excepto la pieza final.

Varje detalj i leden berättade en historia – förutom den sista biten.

Su nariz le contaba sobre la vida que había transcurrido por allí.

Hans näsa berättade honom om livet som hade passerat på detta sätt.

El olor le dio una imagen cambiante mientras lo seguía de cerca.

Doften gav honom en växlande bild när han följde tätt efter.

Pero el bosque mismo había quedado en silencio; anormalmente quieto.

Men skogen själv hade blivit tyst; onaturligt stilla.

Los pájaros habían desaparecido, las ardillas estaban escondidas, silenciosas y quietas.

Fåglar hade försvunnit, ekorrar var gömda, tysta och stilla.

Sólo vio una ardilla gris, tumbada sobre un árbol muerto.

Han såg bara en grå ekorre, platt på ett dött träd.

La ardilla se mimetizó, rígida e inmóvil como una parte del bosque.

Ekorren smälte in i gruppen, stel och orörlig som en del av skogen.

Buck se movía como una sombra, silencioso y seguro entre los árboles.

Buck rörde sig som en skugga, tyst och säker genom träden.

Su nariz se movió hacia un lado como si una mano invisible la tirara.

Hans näsa ryckte åt sidan som om den drogs av en osynlig hand.

Se giró y siguió el nuevo olor hasta lo profundo de un matorral.

Han vände sig om och följde den nya doften djupt in i ett snår.

Allí encontró a Nig, que yacía muerto, atravesado por una flecha.

Där fann han Nig, liggande död, genomborrad av en pil.

La flecha atravesó su cuerpo y aún se le veían las plumas.

Skaftet gick rakt genom hans kropp, fjädrarna syntes fortfarande.

Nig se arrastró hasta allí, pero murió antes de llegar para recibir ayuda.

Nig hade släpat sig dit, men dog innan han nådde fram till hjälp.

Cien metros más adelante, Buck encontró otro perro de trineo.

Hundra meter längre fram hittade Buck en annan slädhund.

Era un perro que Thornton había comprado en Dawson City.

Det var en hund som Thornton hade köpt hemma i Dawson City.

El perro se encontraba en una lucha a muerte, agitándose con fuerza en el camino.

Hunden var i en dödskamp och sprattlade hårt på stigen.

Buck pasó a su alrededor, sin detenerse, con los ojos fijos hacia adelante.

Buck gick förbi honom utan att stanna, med blicken fäst framåt.

Desde la dirección del campamento llegaba un canto distante y rítmico.

Från lägret kom en avlägsen, rytmisk sång.

Las voces subían y bajaban en un tono extraño, inquietante y cantarín.

Röster höjdes och sjönk i en märklig, kuslig, sjungande ton.

Buck se arrastró hacia el borde del claro en silencio.

Buck kröp fram till gläntans kant i tystnad.

Allí vio a Hans tendido boca abajo, atravesado por muchas flechas.

Där såg han Hans ligga med ansiktet nedåt, genomborrad av många pilar.

Su cuerpo parecía el de un puercoespín, erizado de plumas.

Hans kropp såg ut som ett piggsvin, full av befjädrade skaft.

En ese mismo momento, Buck miró hacia la cabaña en ruinas.

I samma ögonblick tittade Buck mot den förstörda stugan.

La visión hizo que se le erizara el pelo de la nuca y de los hombros.

Synen fick håret att resa sig stelt på hans nacke och axlar.

Una tormenta de furia salvaje recorrió todo el cuerpo de Buck.

En storm av vild ilska svepte genom hela Bucks kropp.

Gruñó en voz alta, aunque no sabía que lo había hecho.

Han morrade högt, fast han inte visste att han hade gjort det.

El sonido era crudo, lleno de furia aterradora y salvaje.

Ljudet var rått, fyllt av skrämmande, vild ilska.

Por última vez en su vida, Buck perdió la razón ante la emoción.

För sista gången i sitt liv tappade Buck förståndet till förmån för känslorna.

Fue el amor por John Thornton lo que rompió su cuidadoso control.

Det var kärleken till John Thornton som bröt hans noggranna kontroll.

Los Yeehats estaban bailando alrededor de la cabaña de abetos en ruinas.

Familjen Yeehat dansade runt den förfallna granstugan.

Entonces se escuchó un rugido y una bestia desconocida cargó hacia ellos.

Sedan kom ett vrål – och ett okänt odjur stormade mot dem.

Era Buck; una furia en movimiento; una tormenta viviente de venganza.

Det var Buck; ett raseri i rörelse; en levande hämndstorm.

Se arrojó en medio de ellos, loco por la necesidad de matar.

Han kastade sig mitt ibland dem, galen av behovet att döda.

Saltó hacia el primer hombre, el jefe Yeehat, y acertó.

Han hoppade på den förste mannen, Yeehat-hövdingen, och slog till.

Su garganta fue desgarrada y la sangre brotó a chorros.

Hans hals var uppriven och blod sprutade fram i en ström.

Buck no se detuvo, sino que desgarró la garganta del siguiente hombre de un salto.

Buck stannade inte, utan slet av nästa mans hals med ett enda språng.

Era imparable: desgarraba, cortaba y nunca se detenía a descansar.

Han var ostoppbar – slet sönder, högg, stannade aldrig upp för att vila.

Se lanzó y saltó tan rápido que sus flechas no pudieron tocarlo.

Han pilade och sprang så fort att deras pilar inte kunde nå honom.

Los Yeehats estaban atrapados en su propio pánico y confusión.

Familjen Yeehat var fångade i sin egen panik och förvirring.

Sus flechas no alcanzaron a Buck y se alcanzaron entre sí.

Deras pilar missade Buck och träffade varandra istället.

Un joven le lanzó una lanza a Buck y golpeó a otro hombre.

En yngling kastade ett spjut mot Buck och träffade en annan man.

La lanza le atravesó el pecho y la punta le atravesó la espalda.

Spjutet trängde igenom hans bröst, spetsen stack ut hans rygg.

El terror se apoderó de los Yeehats y se retiraron por completo.

Skräck svepte över Yeehats, och de bröt sig till full reträtt.

Gritaron al Espíritu Maligno y huyeron hacia las sombras del bosque.

De skrek efter den onda anden och flydde in i skogens skuggor.

En verdad, Buck era como un demonio mientras perseguía a los Yeehats.

Buck var sannerligen som en demon när han jagade Yeehats.

Él los persiguió a través del bosque, derribándolos como si fueran ciervos.

Han rusade efter dem genom skogen och fällde dem som hjortar.

Se convirtió en un día de destino y terror para los asustados Yeehats.

Det blev en ödets och skräckens dag för de skrämda Yeehats.

Se dispersaron por toda la tierra, huyendo lejos en todas direcciones.

De spreds över landet och flydde långt i alla riktningar.

Pasó una semana entera antes de que los últimos supervivientes se reunieran en un valle.

En hel vecka gick innan de sista överlevande möttes i en dal.

Sólo entonces contaron sus pérdidas y hablaron de lo sucedido.

Först då räknade de sina förluster och talade om vad som hände.

Buck, después de cansarse de la persecución, regresó al campamento en ruinas.

Efter att ha tröttnat på jakten återvände Buck till det förstörda lägret.

Encontró a Pete, todavía en sus mantas, muerto en el primer ataque.

Han hittade Pete, fortfarande i sina filtar, dödad i den första attacken.

Las señales de la última lucha de Thornton estaban marcadas en la tierra cercana.

Spår av Thorntons sista kamp fanns markerade i jorden i närheten.

Buck siguió cada rastro, olfateando cada marca hasta un punto final.

Buck följde varje spår och nosade på varje märke ända till en slutpunkt.

En el borde de un estanque profundo, encontró al fiel Skeet, tumbado inmóvil.

Vid kanten av en djup damm fann han den trogne Skeet, liggande stilla.

La cabeza y las patas delanteras de Skeet estaban en el agua, inmóviles por la muerte.

Skeets huvud och framtassar var i vattnet, orörliga i döden.

La piscina estaba fangosa y contaminada por el agua que salía de las compuertas.

Poolen var lerig och befläckad av avrinning från slusslådorna.

Su superficie nublada ocultaba lo que había debajo, pero Buck sabía la verdad.

Dess molniga yta dolde vad som låg under, men Buck visste sanningen.

Siguió el rastro del olor de Thornton hasta la piscina, pero el olor no lo condujo a ningún otro lugar.

Han följde Thorntons doft ner i dammen – men doften ledde ingen annanstans.

No había ningún olor que indicara que salía, solo el silencio de las aguas profundas.

Det fanns ingen doft som ledde ut – bara tystnaden av djupt vatten.

Buck permaneció todo el día cerca de la piscina, paseando de un lado a otro del campamento con tristeza.

Hela dagen stannade Buck nära dammen och gick sorgset fram och tillbaka i lägret.

Vagaba inquieto o permanecía sentado en silencio, perdido en pesados pensamientos.

Han vandrade rastlöst omkring eller satt stilla, försjunken i tunga tankar.

Él conocía la muerte; el fin de la vida; la desaparición de todo movimiento.

Han kände döden; livets slut; all rörelses försvinnande.

Comprendió que John Thornton se había ido y que nunca regresaría.

Han förstod att John Thornton var borta och aldrig skulle återvända.

La pérdida dejó en él un vacío que palpitaba como el hambre.

Förlusten lämnade ett tomrum inom honom som pulserade som hunger.

Pero ésta era un hambre que la comida no podía calmar, por mucho que comiera.

Men detta var en hunger som mat inte kunde stilla, oavsett hur mycket han åt.

A veces, mientras miraba a los Yeehats muertos, el dolor se desvanecía.

Ibland, när han tittade på de döda Yeehats, bleknade smärtan.

Y entonces un orgullo extraño surgió dentro de él, feroz y completo.

Och sedan steg en märklig stolthet inom honom, våldsam och fullständig.

Había matado al hombre, la presa más alta y peligrosa de todas.

Han hade dödat människan, det högsta och farligaste spelet av alla.

Había matado desafiando la antigua ley del garrote y el colmillo.

Han hade dödat i strid med den urgamla lagen om klubba och huggtand.

Buck olió sus cuerpos sin vida, curioso y pensativo.

Buck sniffade på deras livlösa kroppar, nyfiken och fundersam.

Habían muerto con tanta facilidad, mucho más fácil que un husky en una pelea.

De hade dött så lätt – mycket lättare än en husky i ett slagsmål.

Sin sus armas, no tenían verdadera fuerza ni representaban una amenaza.

Utan sina vapen hade de ingen verklig styrka eller hot.

Buck nunca volvería a temerles, a menos que estuvieran armados.

Buck skulle aldrig bli rädd för dem igen, om de inte var beväpnade.

Sólo tenía cuidado cuando llevaban garrotes, lanzas o flechas.

Bara när de bar klubbor, spjut eller pilar skulle han akta sig.

Cayó la noche y la luna llena se elevó por encima de las copas de los árboles.

Natten föll, och en fullmåne steg högt över trädens toppar.

La pálida luz de la luna bañaba la tierra con un resplandor suave y fantasmal, como el del día.

Månens bleka ljus badade landet i ett mjukt, spöklikt sken likt dag.

A medida que la noche avanzaba, Buck seguía de luto junto al estanque silencioso.

Medan natten blev djupare sörjde Buck fortfarande vid den tysta dammen.

Entonces se dio cuenta de que había un movimiento diferente en el bosque.

Sedan blev han medveten om en annan rörelse i skogen.

El movimiento no provenía de los Yeehats, sino de algo más antiguo y más profundo.

Uppståndelsen kom inte från Yeehats, utan från något äldre och djupare.

Se puso de pie, con las orejas levantadas y la nariz palpando la brisa con cuidado.

Han reste sig upp, med öronen lyfta och näsan undersökte försiktigt vinden.

Desde lejos llegó un grito débil y agudo que rompió el silencio.

Fjärranifrån hördes ett svagt, skarpt skrik som genombröt tystnaden.

Luego, un coro de gritos similares siguió de cerca al primero.

Sedan följde en kör av liknande rop tätt efter det första.

El sonido se acercaba cada vez más y se hacía más fuerte a cada momento que pasaba.

Ljudet kom närmare och blev högre för varje ögonblick som gick.

Buck conocía ese grito: venía de ese otro mundo en su memoria.

Buck kände igen det här ropet – det kom från den där andra världen i hans minne.

Caminó hasta el centro del espacio abierto y escuchó atentamente.

Han gick till mitten av den öppna platsen och lyssnade uppmärksamt.

El llamado resonó, múltiple y más poderoso que nunca.

Ropet ljöd, mångnoterat och kraftfullare än någonsin.

Y ahora, más que nunca, Buck estaba listo para responder a su llamado.

Och nu, mer än någonsin tidigare, var Buck redo att svara på hans kallelse.

John Thornton había muerto y ya no tenía ningún vínculo con el hombre.

John Thornton var död, och ingen koppling till människan fanns kvar inom honom.

El hombre y todos sus derechos humanos habían desaparecido: él era libre por fin.

Människan och alla mänskliga anspråk var borta – han var äntligen fri.

La manada de lobos estaba persiguiendo carne como lo hicieron alguna vez los Yeehats.

Vargflocken jagade kött precis som Yeehats en gång gjorde.

Habían seguido a los alces desde las tierras boscosas.

De hade följt älgar ner från de skogsklädda markerna.

Ahora, salvajes y hambrientos de presa, cruzaron hacia su valle.

Nu, vilda och hungriga efter byte, korsade de in i hans dal.

Llegaron al claro iluminado por la luna, fluyendo como agua plateada.

In i den månbelysta gläntan kom de, flödande som silverfärgat vatten.

Buck permaneció quieto en el centro, inmóvil y esperándolos.

Buck stod stilla i mitten, orörlig och väntade på dem.

Su tranquila y gran presencia dejó a la manada en un breve silencio.

Hans lugna, stora närvaro chockade flocken till en kort tystnad.

Entonces el lobo más atrevido saltó hacia él sin dudarlo.

Då hoppade den djärvaste vargen rakt på honom utan att tveka.

Buck atacó rápidamente y rompió el cuello del lobo de un solo golpe.

Buck slog till snabbt och bröt vargens nacke i ett enda slag.

Se quedó inmóvil nuevamente mientras el lobo moribundo se retorcía detrás de él.

Han stod orörlig igen medan den döende vargen vred sig bakom honom.

Tres lobos más atacaron rápidamente, uno tras otro.

Tre fler vargar attackerade snabbt, en efter en.

Todos retrocedieron sangrando, con la garganta o los hombros destrozados.

Var och en drog sig tillbaka blödande, med uppskurna halsar eller axlar.

Eso fue suficiente para que toda la manada se lanzara a una carga salvaje.

Det räckte för att utlösa en vild attack mot hela flocken.

Se precipitaron juntos, demasiado ansiosos y apiñados para golpear bien.

De rusade in tillsammans, för ivriga och för trånga för att slå till ordentligt.

La velocidad y habilidad de Buck le permitieron mantenerse por delante del ataque.

Bucks snabbhet och skicklighet gjorde att han kunde ligga steget före attacken.

Giró sobre sus patas traseras, chasqueando y golpeando en todas direcciones.

Han snurrade runt på bakbenen, fräste och slog i alla riktningar.

Para los lobos, esto parecía como si su defensa nunca se abriera ni flaqueara.

För vargarna verkade det som om hans försvar aldrig öppnades eller vacklade.

Se giró y atacó tan rápido que no pudieron alcanzarlo.

Han vände sig om och högg så snabbt att de inte kunde komma bakom honom.

Sin embargo, su número le obligó a ceder terreno y retroceder.

Ändå tvingade deras antal honom att ge mark och backa.

Pasó junto a la piscina y bajó al lecho rocoso del arroyo.

Han rörde sig förbi dammen och ner i den steniga bäckfåran.

Allí se topó con un empinado banco de grava y tierra.

Där stötte han på en brant sluttning av grus och jord.

Se metió en un rincón cortado durante la antigua excavación de los mineros.

Han körde in i ett hörn som skars av under gruvarbetarnas gamla grävning.

Ahora, protegido por tres lados, Buck se enfrentaba únicamente al lobo frontal.

Nu, skyddad från tre sidor, stod Buck bara inför den främsta vargen.

Allí se mantuvo a raya, listo para la siguiente ola de asalto.

Där stod han i schack, redo för nästa våg av anfall.

Buck se mantuvo firme con tanta fiereza que los lobos retrocedieron.

Buck stod så hårt stånd att vargarna drog sig tillbaka.

Después de media hora, estaban agotados y visiblemente derrotados.

Efter en halvtimme var de utmattade och synbart besegrade.

Sus lenguas colgaban y sus colmillos blancos brillaban a la luz de la luna.

Deras tungor hängde ut, deras vita huggtänder glänste i månskenet.

Algunos lobos se tumbaron, con la cabeza levantada y las orejas apuntando hacia Buck.

Några vargar lade sig ner med huvudet höjd och öronen spetsade mot Buck.

Otros permanecieron inmóviles, alertas y observando cada uno de sus movimientos.

Andra stod stilla, vaksamma och iakttog hans varje rörelse.

Algunos se acercaron a la piscina y bebieron agua fría.

Några gick till poolen och drack kallt vatten.

Entonces un lobo gris, largo y delgado, se acercó sigilosamente.

Sedan smög en lång, mager grå varg fram på ett försiktigt sätt.

Buck lo reconoció: era el hermano salvaje de antes.

Buck kände igen honom – det var den vilde brodern från förr.

El lobo gris gimió suavemente y Buck respondió con un gemido.

Den grå vargen gnällde mjukt, och Buck svarade med ett gnäll.

Se tocaron las narices, en silencio y sin amenaza ni miedo.

De rörde vid näsorna, tyst och utan hot eller rädsla.

Luego vino un lobo más viejo, demacrado y lleno de cicatrices por muchas batallas.

Nästa kom en äldre varg, mager och ärrad efter många strider.

Buck empezó a gruñir, pero se detuvo y olió la nariz del viejo lobo.

Buck började morra, men tystnade och sniffade på den gamle vargens nos.

El viejo se sentó, levantó la nariz y aulló a la luna.

Den gamle satte sig ner, höjde på nosen och ylade mot månen.

El resto de la manada se sentó y se unió al largo aullido.

Resten av flocken satte sig ner och medverkade i det långa ylandet.

Y ahora el llamado llegó a Buck, inconfundible y fuerte.

Och nu kom kallelsen till Buck, otvetydig och stark.

Se sentó, levantó la cabeza y aulló con los demás.

Han satte sig ner, lyfte huvudet och ylade med de andra.

Cuando terminaron los aullidos, Buck salió de su refugio rocoso.

När ylandet tog slut klev Buck ut ur sitt steniga skydd.

La manada se cerró a su alrededor, olfateando con amabilidad y cautela.

Flocken slöt sig om honom och nosade både vänligt och försiktigt.

Entonces los líderes dieron un grito y salieron corriendo hacia el bosque.

Sedan gav ledarna till ett skrik och sprang iväg in i skogen.

Los demás lobos los siguieron, aullando a coro, salvajes y rápidos en la noche.

De andra vargarna följde efter, skrikande i kör, vilda och snabba i natten.

Buck corrió con ellos, al lado de su hermano salvaje, aullando mientras corría.

Buck sprang med dem, bredvid sin vilde bror, och ylade medan han sprang.

Aquí la historia de Buck llega bien a su fin.

Här gör berättelsen om Buck det bra att nå sitt slut.

En los años siguientes, los Yeehat notaron lobos extraños.

Under åren som följde lade Yeehats märke till konstiga vargar.

Algunos tenían la cabeza y el hocico de color marrón y el pecho de color blanco.

Vissa hade brunt på huvudet och nospartiet, vitt på bröstet.

Pero aún más temían una figura fantasmal entre los lobos.

Men ännu mer fruktade de en spöklik figur bland vargarna.

Hablaban en susurros del Perro Fantasma, líder de la manada.

De talade i viskningar om Spökhunden, flockens ledare.

Este perro fantasma tenía más astucia que el cazador Yeehat más audaz.

Denna Spökhund var slughete än den djärvaste Yeehat-
jägaren.

**El perro fantasma robó de los campamentos en pleno
invierno y destrozó sus trampas.**

Spökhunden stal från läger i djupvinter och slet sönder deras
fällor.

**El perro fantasma mató a sus perros y escapó de sus flechas
sin dejar rastro.**

Spökhunden dödade deras hundar och undkom deras pilar
spårlöst.

**Incluso sus guerreros más valientes temían enfrentarse a este
espíritu salvaje.**

Till och med deras modigaste krigare fruktade att möta denna
vilda ande.

**No, la historia se vuelve aún más oscura a medida que pasan
los años en la naturaleza.**

Nej, berättelsen blir ännu mörkare allt eftersom åren går i det
vilda.

**Algunos cazadores desaparecen y nunca regresan a sus
campamentos distantes.**

Vissa jägare försvinner och återvänder aldrig till sina avlägsna
läger.

Otros aparecen con la garganta abierta, muertos en la nieve.

Andra hittas med uppslitna halsar, döda i snön.

**Alrededor de sus cuerpos hay huellas más grandes que las
que cualquier lobo podría dejar.**

Runt deras kroppar finns spår – större än någon varg skulle
kunna göra.

Cada otoño, los Yeehats siguen el rastro del alce.

Varje höst följer Yeehats älgens spår.

**Pero evitan un valle con el miedo grabado en lo profundo de
sus corazones.**

Men de undviker en dal med rädsla djupt inristad i sina
hjärtan.

**Dicen que el valle fue elegido por el Espíritu Maligno para
vivir.**

De säger att dalen är utvald av den onda anden för sitt hem.

Y cuando se cuenta la historia, algunas mujeres lloran junto al fuego.

Och när historien berättas gråter några kvinnor bredvid elden.

Pero en verano, un visitante llega a ese tranquilo valle sagrado.

Men på sommaren kommer en besökare till den tysta, heliga dalen.

Los Yeehats no saben de él, ni tampoco pueden entenderlo.

Yeehats känner inte till honom, och de kunde inte heller förstå.

El lobo es grande, revestido de gloria, como ningún otro de su especie.

Vargen är en stor varelse, täckt av prakt, olik ingen annan i sitt slag.

Él solo cruza el bosque verde y entra en el claro.

Han ensam går över från det gröna skogsområdet och in i skogsgläntan.

Allí, el polvo dorado de los sacos de piel de alce se filtra en el suelo.

Där sipprar gyllene damm från älgskinnssäckar ner i jorden.

La hierba y las hojas viejas han ocultado el amarillo al sol.

Gräs och gamla löv har dolt det gula från solen.

Aquí, el lobo permanece en silencio, pensando y recordando.

Här står vargen i tystnad, tänker och minns.

Aúlla una vez, largo y triste, antes de darse la vuelta para irse.

Han ylar en gång – långt och sorgset – innan han vänder sig om för att gå.

Pero no siempre está solo en la tierra del frío y la nieve.

Ändå är han inte alltid ensam i kylans och snöns land.

Cuando las largas noches de invierno descienden sobre los valles inferiores.

När långa vinternätter sänker sig över de lägre dalarna.

Cuando los lobos persiguen a la presa a través de la luz de la luna y las heladas.

När vargarna följer vilt genom månsken och frost.

Luego corre a la cabeza del grupo, saltando alto y salvajemente.

Sedan springer han i spetsen för flocken, hoppande högt och vilt.

Su figura se eleva sobre las demás y su garganta está llena de canciones.

Hans gestalt tornar upp sig över de andra, hans strupe levande av sång.

Es la canción del mundo más joven, la voz de la manada.

Det är den yngre världens sång, flockens röst.

Canta mientras corre: fuerte, libre y eternamente salvaje.

Han sjunger medan han springer – stark, fri och evigt vild.